柴 那典
加藤 賢
宮沢章夫
川村恭子
輪島裕介
小泉恭子
大和田俊之
金 悠進
楠見 清
江口寿史

シティ・ポップ文化論

日高良祐 編著

FILM ART
フィルムアート社

シティ・ポップ文化論

シティ・ポップ文化論　目次

はじめに

本書は、私が当時所属していた東京都立大学にて二〇二二年一月から三月にかけて開講したオンライン連続講座、『シティ・ポップから考える――都市・音楽・イメージ』の記録をもとにして構成されている。雑誌『東京人』二〇二一年四月号での特集「シティ・ポップが生まれたまち　1970－1980年代　TOKYO」を受けて、東京都立大学と『東京人』がコラボレーションするなかで企画された講座である。私は講座ナビゲーターとして、全九回の講師ラインナップの企画と講義中の司会を担当した。厳密にいうと、講座を開講した部局は「東京都立大学オープンユニバーシティ」だったため、大学生だけでなく高校生からご年配の方にかけての幅広い年代の方々に受講してもらうことができた。なお二〇二二年初頭はいまだ新型コロナウィルス感染症拡大の渦中にあり、講義はすべてオンラインでのリアルタイム配信によって行われた。だが、むしろそのおかげで、東京に所在する大学が開講した講座でありながら、日本各地で活動する先生方を講師としてお迎えすることができたし、東京在住に限らず幅広い地域からの受講生に参加してもらえたことは、連続講義の受講経験としてはかえって充実したといえるだろう。

専門領域に閉じるのではなく社会に向けて開かれることを目指すオープンユニバーシティとはいえ、毎回の講義でレクチャーされる内容はアカデミックな場での議論の蓄積を踏まえた最先端の知見の提示となるよう心がけた。そのため登壇をオファーした講師陣も、音楽制作・流通の場にいる／いた人びとや音楽ジャーナリストから現場のリアルな話を伺うというよりは、なんらかのかたちで大学での研究・教育にかかわっている方々の比重が大きくなっている。したがって最新の学術的な観点も取り入れながら、シティ・ポップをめぐる現在進行形の状況について、多角的な視座からの分析を学ぶことができたはずである。

連続講義を企画するにあたって当初から考えていたのは、シティ・ポップの音楽それ自体については主要な論点とせず、むしろその周辺の状況に焦点を当てることであった。なぜなら、ちょうどその時期は今からするとリバイバル現象のピークともいえる段階であり、日々さまざまなメディア——雑誌、書籍、テレビ・ラジオ番組、トークイベント、ウェブ記事などなど——でシティ・ポップの「再発見」について盛んに語られ、その音楽性やミュージシャンや個々の楽曲についての思い出話や新しい観点からの考察が数多く展開していたからである。少しばかり食傷気味であったのだ。そのなかで私が知りたいと思ったのは、シティ・ポップそれ自体というよりは、その周辺をとりまく文化的・社会的な状況についてであり、それを明らかにすることを通じて、「文化」としてのシティ・ポップの姿を理解することだった。だからこそ講義のタイトルを、「シティ・ポップから」「都市・音楽・イメージ」を「考える」と設定した。シティ・ポップを起点とすることによって、一九七〇～一九八〇年代当時から二〇二〇年代のリバイバル爛熟期までの視覚・聴覚的な文化的実践のつながりを文脈化すること、を全体の目的としたのである。

したがって、シティ・ポップそのものの歴史を描いたり、そこに含まれる楽曲を分析したり批評したり、ミュージシャンの考え方について深く掘り下げたりするのではなく、あくまでも周辺の状況を説明・考察してもらうように講師の先生方にはお願いした。もちろん、講義のなかでは話の流れで個々の楽曲やミュージシャンについて触れないわけにはいかない。これはあくまでも連続講義の企画者としての私の意図であり、それぞれの講義では具体的な「音楽」の話が密に取り上げられているので、そのあたりに興味のある読者も安心して本書を読むことができるだろう。このように本書は、シティ・ポップのディスクガイドでもなければ、その歴史を紡ぐ解説本でもない。シティ・ポップを文化として論じる、しかも複数の講師による多角的な視座から縦横無尽に考えてみる、シティ・ポップをスタート地点として描かれるそうした思考の痕跡の集合体として読むことができるはずである。

そして実際のところ、全九回の講義は、それぞれがかなり異なった角度からシティ・ポップをめぐる文化的状況を説明するものとなった。本書の編集作業を通じて当時の講義中の記憶もいろいろと蘇ってきているところだが、シティ・ポップを考えるにあたってそんな論点もあるのか！　と膝を打つこともあれば、説明される事例の奇妙さ・面白さに笑いをこらえられなかったこと、シティ・ポップ再受容をめぐる私たちの姿勢に向けられた批判的な観点に接して神妙に頷いたことなど、個人的には非常に新鮮な気持ちでシティ・ポップから考えることができた。講義の構成も講師によって大きく異なっていたため、アカデミックな講義調が続く回もあれば、ラフな対談形式で議論が進んでいった回もある。具体的な議論の内容はそれぞれの章を読んでもらうとしても、講義で取り上げられた論点については大まかに示しておこう。全体で共有されているのは東京という都市（シティ）とポップ音楽との関係に向けた関心であり、その上で各講師それぞれの切り口から議論がなされている。加藤賢氏、宮沢章夫氏、小泉恭子氏、輪島裕介氏の章では、現実の都市空間と音楽制作・聴取の場における文脈との複雑なかかわりが解き明かされていく。また柴那典氏、金悠進氏、大和田俊之氏の章では、一九七〇〜一九八〇年代の具体的な日本の都市を飛び出て二〇一〇年代以降のネット空間や海外でのシティ・ポップをめぐる文脈が解説される。そして川村恭子氏・輪島裕介氏、楠見清氏・江口寿史氏の章では、対談形式での語りを通じて、シティ・ポップがつくられ聴かれていた当時の都市の空気感を知ることができる。

ちなみに、本書の目次に並んでいる章の順序は、実際に講義として行われた回の順序とは若干の入れ替えをしてある。各回で講師の入れ替えが必要な連続講義を実施するには、現実的な予定との調整が不可欠であり、企画当初に練り上げた開講順が実現できないことも多い（実際できなかった）。それを本書ではもともと私が考えていた通りの順序に直して収録してある。とはいえ、各回の講義はそれぞれ独立して話されたものであるため、あなたが気になる講師の回からつまみ食いするように読んでもらってもまったく問題ない。それぞれの講師がシティ・ポップから考えるために繰り広げた多角的な議論の筋道を追って、あちこちに振り回される読書経験を楽しんでほしい。

＊

本書が出版される二〇二四年、すでにシティ・ポップ・リバイバルは一段落ついたといっていいだろう。試みにGoogle Trendで「シティ・ポップ」と打ち込んで二〇一七年一月から本稿執筆時点の二〇二四年一月までの検索の「人気度」の変化を見てみると、二〇二二年六月が人気度のピークとなり、増減はあるものの以降は右肩下がりになっていることがわかる（本書のもととなった連続講義の開講タイミングはまさに関心のピークの時期だったようだ）。シティ・ポップをめぐる言説も出尽くした感はあるし、柴崎祐二編著『シティポップとは何か』（河出書房新社、二〇二三年四月）のように全方位的な解説のなされた書籍もすでに出版されており、リバイバルは落ち着いた段階に入ったといえるかもしれない。これをよくある一過性のお祭り騒ぎの終焉として捉えるか、「ブームというよりも『定着』と表現した方が実相に近い」（柴崎祐二『ポップミュージックはリバイバルをくりかえす――「再文脈化」の音楽受容史』イースト・プレス、二〇二三、二二三頁）と捉えるかは立場によるかもしれないが、そうした現在の状況だからこそ、いったん落ち着いた距離感でもってシティ・ポップの周辺をあらためて見返してみてもいいはずだ。本書はそうしたタイミングでシティ・ポップ・リバイバルの意義を問い返すことを試みる、チャレンジングな側面ももっている。

本書の編者である私の研究活動における専門は、ポピュラー音楽を対象として扱うメディア研究である。音楽や音響を人びとが楽しむにあたり、どのようなメディア技術の受容やそれを支える制度設計がなされてきたのか、そうした文化的・社会的な条件について考える仕事をこれまでやってきた。こうした研究の関心は、楽曲やジャンルの「作り手」というよりは「受け手」の聴き方の状況、つまり音の聴取環境の構築過程の分析に向かう。そして、そうした観点からシティ・ポップとそのリバイバルを見返してみると、いまだ数多くの論点が提示されたままで残されていることに気づかされる。そこには、メディアの問題としてのシティ・ポップ・リバイバルの姿が見えてくる。

たとえば、アナログ盤やカセットテープといったアナログ・メディアでのシティ・ポップの聴取について、リバイバルを経た今日と一九七〇〜一九八〇年代当時の技術的・制度的な環境をそれぞれどのように考察することができるのか。またそのことにはどのような意義があるのか。近年のリイシュー拡大と世界的な規模での復権までを含んだアナログ盤の文化については、音響メディア研究の主要な対象としてこれまで数多くの分析がなされてきた歴史がある。一方で、カセットテープやラジオを中心に構成された一九八〇年代前後の失われたアナログ・メディア聴取の状況については、その使い方に関して文脈化した理解がなされているとは言い難い。とりわけシティ・ポップにとって、本書での小泉氏の講義や楠見氏と江口氏の対談でも触れられているように、FMラジオのエアチェックをめぐって形成されていた固有の聴取環境の意義は無視できないはずだ。つまり、FM番組情報誌とのかかわり（音楽作品や音響技術に関する情報提供についても、カセットレーベルなどの視覚デザインの方向性についても）や、プレイリストを録音したカセットテープをドライブ中に聴くためのカーステレオの技術や慣習は、シティ・ポップの聴き方の文化的な意味づけを理解するために分析されなければならない対象なのである。そうした理解を踏まえることではじめて、リバイバル前後から観察されているカセットテープ愛好家の増加現象や、都市を徒歩や自動車や電車で「移動」しながら音楽を聴くためのモバイル聴取環境の変遷に対する考察は開かれる。つまり、シティ・ポップとそのリバイバルは、二〇世紀後半から連綿と引き続いている私たちの聴取環境を考えるための、格好の素材と起点を提供してくれているのである。なおカセットテープの使用の文脈に関しては、『シティ・ポップとラジカセ』（徳間書店、二〇二三）などの資料として有用な文献も次第に出つつある。

他方、今日のリバイバルはデジタル・メディアを通じて、とりわけ音楽プラットフォーム・サービスの使用が広がった結果として生じたという点は、いくら強調しても足りないくらい重要な論題である。本書での柴氏や加藤氏による講義や、これまでのシティ・ポップ・リバイバルをめぐる議論でも指摘されてきたとおり、YouTubeやSpotifyやApple MusicやTikTokといったプラットフォーム化した聴取環境に固有の技術、すなわちレコメンデーション機能とそれを支えるアルゴリズム、そしてそうした複数のプラットフォームの吐き出すデータが組み合わさることで「次に聴くべき楽曲」がスマートフォンやパソコンのソフトウェア上に表示され続ける形式こそが、シティ・ポップの「再発見」を構築してきたからだ。このような特定のアルゴリズムに依拠したプラットフォームの技術的作用と、それを提供することを通じてユーザーのデータを採取し営利活動に活用するプラットフォーム企業の戦略に対しては、それらを批判的な分析の対象として捉える知見がメディア研究の領域では蓄積してきた（水嶋一憲ほか『プラットフォーム資本主義を解読する――スマートフォンから見えてくる現代社会』ナカニシヤ出版、二〇二三）。つまり、音楽プラットフォーム・サービスを便利に利用してシティ・ポップ・リバイバルを耳で楽しんでいるだけだと思っている私たちは、同時に、好みの楽曲・ジャンル・ミュージシャン名やデバイスの利用場所、アクセス時間、音量、他のハードウェアやソフトウェアとの組み合わせ方など、音楽聴取に関連するデータ全般を企業に無償提供することを通じて、プラットフォーム資本主義の政治力学のなかに否応なく巻き込まれているのである。シティ・ポップ・リバイバルとプラットフォームの関係を通じて透けて見えるこの論点は、個人の聴取の好みがどのように形成されたかに関する問題であるだけではなく、アルゴリズムとプラットフォームによって制御《コントロール》・管理される今日の私たちの日常生活全般を考えるための、言い換えるとプラットフォーム化したグローバル社会を批判的に考察するための入口を提供してくれている。シティ・ポップ・リバイバルからはそうした政治的な問題を聴き取ることもできるのだ。

ここで挙げたのはシティ・ポップ・リバイバルをめぐってメディア研究の観点から生成されうる論点のごく一部でしかないが、ポピュラー音楽を対象として扱うメディア研究者の視点からは、「シティ・ポップから考える」ことはまだ数多く残されているように思われる。二〇二四年現在、シティ・ポップ・リバイバルはいったん落ち着いたのかもしれない。だが、アナログ盤での過去曲のリイシューはもはや一般化し、音楽プラットフォーム・サービスは今日も次の一曲をレコメンドし続けている。シティ・ポップから考えることを通して見えてくる・聞こえてくるようになった、いまだ掘り返されておらず、そしてこれから開拓すべき領野はまだ広がっているのである。本書に収録された多角的な講義を通じて、シティ・ポップとそのリバイバルの文化的な意義について、あらためて読者それぞれが問い返してみてほしい。

＊

最後になるが、すでに述べたとおり、本書とそのもとになった全九回の連続講義は総勢一〇名の執筆者・講師の方々にご協力いただいたことでつくられた。執筆者の皆様にはこの場を借りてお礼申し上げる。また『シティ・ポップから考える――都市・音楽・イメージ』連続講義を任せてくださった東京都立大学オープンユニバーシティの皆様、なかでも企画段階から講義期間までの長い間ご対応いただいた青木春人さん、大崎睦さん、吉村あかりさん、また講義録を書籍にして残すというアイデアをくれた東京都立大学での元同僚の楠見清さん、そしていつも音楽と研究とその他に関するフレッシュな話を聞かせてくれるフィルムアート社の編集・沼倉康介さんにも、あらためて感謝申し上げたい。

講師をお願いした一人である宮沢章夫さんは、二〇二二年九月に病のため他界された。事前の打ち合わせから当日の講義まで、宮沢さんの深く広い知見と軽妙な語り口には、唸らされると同時に何度も笑わされた。講義でもシティ・ポップが登場するまさに直前で話が突然終わったことには驚かされたが、「あくまでシティ・ポップの周辺を考えたい」という企画者の意図を汲んでもらったのだと思っている。本書への宮沢さんの講義収録にあたっては、ご家族の宮沢千景さん、監修をお願いした牧村憲一さんの多大なるご協力をいただいた。重ねて深く感謝申し上げたい。

日高良祐

二〇二四年一月

第1講

ミームの幻視と音楽ビジネスの都市再開発

柴那典（しば・とものり）
1976年神奈川県生まれ。音楽ジャーナリスト。京都大学総合人間学部を卒業、ロッキング・オン社を経て独立。音楽を中心にインタビューや執筆を手がけ、テレビやラジオへのレギュラー出演など幅広く活動する。著書に『初音ミクはなぜ世界を変えたのか？』（太田出版、2014）、『ヒットの崩壊』（講談社現代新書、2016）『平成のヒット曲』（新潮新書、2021）、共著に『渋谷音楽図鑑』（太田出版、2017）、『ボカロソングガイド名曲100選』（星海社新書、2022）など。

今日は海外のシティ・ポップ再評価がどのように始まって、どのように二〇二二年までたどりつくのかについて話をしたいと思います。

講演のタイトルは二つのテーマが元になっています。「ミームの幻視」と「音楽ビジネスの都市再開発」。すごくレトリカルな、気取ってつけたような言葉ですが、前者が二〇一〇年から、後者が二〇一九年からにそれぞれ対応しています。

「ミーム」としてのシティ・ポップ

ナイト・テンポ（Night Tempo）を紹介した「今なぜ海外で「シティ・ポップ」が大人気なのか？ 火付け役に聞く」（現代ビジネス、二〇一九年七月四日）という記事で、僕はこのようなことを書きました。「今、70年代～80年代の日本のポップスが海外で大きな話題を集めている。山下達郎、竹内まりや、角松敏生《としき》、杏里など、かつて「シティ・ポップ」というジャンル名で紹介されたアーティストの楽曲が、インターネットを介して欧米やアジアの若い世代の音楽ファンの間で人気を博している。「ヴェイパーウェイヴ」や「フューチャー・ファンク」といった新たな音楽ジャンルの勃興と共に、その元ネタとして〝発見〟され、評価を高めているのだ」

　これは二〇一九年に書いた原稿ですが、その後もシティ・ポップの海外人気を語ろうとするとき、この認識は定番的に繰り返され、ある種の既成事実のように話されていることだと思います。でも、そもそも、ヴェイパーウェイヴやフューチャー・ファンクとは何なのでしょうか。これをスルーしたまま、あまり噛み砕かないままにシティ・ポップがこれの元ネタになっているんですという話をしているのも見受けられるので、まずはこのヴェイパーウェイヴ、フューチャー・ファンクとは何かを確認していきましょう。

　具体的にこれらのジャンルについて説明する前に「ミーム」という概念を紹介します。これはリチャード・ドーキンスという科学者の『利己的な遺伝子』（紀伊國屋書店、一九九一［一九七六］）という七〇年代の名著ではじめて生まれた言葉です。もともとは模倣を通じて人から人へと伝わっていく文化的な情報のことを言っていましたけれど、いま使われているミームの意味は、スーザン・ブラックモアという人が書いた『ミームマシーンとしての私』（草思社、二〇〇〇［一九九九］）という本での使われ方に近いです。いわゆるインターネット・ミームとしての意味合い、いまに通じるミームの意味合いがこのくらいから出てきました。

　定義するのは難しい言葉ではあるんですが、ざっくり言ってしまうと、いまのミームという言葉はウィルスと近しい性質を持つ言葉として提唱されているものです。ソーシャルメディアを中心にしたネット上の流行を現代では「ヴァイラル」と言うのですが、この「ヴァイラル」

が本来「ウィルス性の」という意味を持っていることとも呼応しているでしょう。そして単なる流行やブームと違い、ミームの特徴はネット上に投稿された表象やイメージ、言葉や行動などが模倣されたり少しずつ改変されたりしながら伝わっていくことにあります。ネット上で使われる「ネタ」のようなものに近い概念と言っていいかもしれません。ひとつのイメージやアイデアが模倣されて広まっていく中で、その対象が一躍有名になる。ネット上で流行っているものについて「バズる」というような言い方もされますが、一過性のバズと違って、ミームは長期にわたって模倣されたり、その中で作り手の意図と異なる文脈で用いられたりするのも特徴です。そういうふうに広まっていくものがインターネット・ミームとして捉えられます。

では、シティ・ポップの何がミームと関係しているんでしょうか。「KnowYourMeme.com」という海外のサイトでは、いろんなインターネット・ミームを百科事典のように集めています。ウィキペディアみたいなユーザー参加型、ユーザーが編集する事典的なサイトですが、そこに「City Pop」という項目がすでにあるんですね。つまりシティ・ポップは、英語圏においてミームとして広まっていったという側面があるということがわかる。興味深いのは「始まりは一九七八年だ」と書いてあることです。ここに書いたユーザーがそう認識しているということなんですが、加えて「シティ・ポップは一九七〇年代後半から八〇年代の日本の音楽ジャンルであり、ポップ、ジャズ、ファンクなどを融合している」などと、英語で説明されています。

また、ジャンルが人気を得たのは二〇一〇年代である、とも書かれています。しかも、それはヴェイパーウェイヴ・コミュニティを通して広まったと書かれている。もちろん「KnowYourMeme.

com」に書き込んだユーザーの定義に過ぎませんが、そう認識されている。また、YouTubeで関連動画のリコメンドとしてたびたび現れることによって人気を得た、というようなことも書かれている。

YouTubeの関連動画というのは、竹内まりやさんの〈プラスティック・ラヴ〉（一九八四）についての話ですね。二〇一七年に「plasticlover」という人が非公式にアップロードしたこの曲の動画がYouTubeのアルゴリズムをきっかけに多くの人に見られるようになり、そのことでこの曲が発見された。この曲も「KnowYourMeme.com」に項目があります。つまり〈プラスティック・ラヴ〉はYouTubeをきっかけにミーム化しました。

左〈プラスティック・ラヴ〉(1985)／右〈Sweetest Music〉(1980)

この現象を考えるうえでのキーポイントは、「plasticlover」という人がアップした動画のサムネイルが〈プラスティック・ラヴ〉のジャケ写ではないことなんですね。代わりに使われているのは〈Sweetest Music〉（一九八〇）という七インチのアナログ盤です。なんですが、たとえば「Devian Art」というイラスト投稿サイトを「Mariya Takeuchi」や「Plastic Love」で検索すると、多くの人がこのジャケットを二次創作したイラストを描いて投稿していることがわかる。

つまり、そもそもブームになっている構造の最初のところに勘違いがあるんです。これは、無いものを見るという意味で、僕の言葉で言うと「幻視」です。そもそも〈プラスティック・ラヴ〉の当時のジャケットには、竹内まりやの顔は描かれていないんですよね。しかし間違ったジャケ写である〈Sweetest Music〉にある竹内まりやさんの姿に好感を持った海外のイラストレーターが、そのジャケットを模倣したイラストをネット上に描いてたくさん投稿した。そして、〈プラスティック・ラヴ〉という曲がこの「KnowYourMeme」というサイトで取り上げられるくらいミーム化した。

この例はシティ・ポップの海外での再評価というにはまだまだ入り口なんですが、どういうふうに人気になっていったかの最初のポイントに「ミーム」が関わっているということは押さえておきたいです。

「ヴェイパーウェイヴ」と「フューチャー・ファンク」

ヴェイパーウェイヴについては、ほぼ日本で唯一ヴェイパーウェイヴについての単行本と言っても過言ではない『新蒸気波要点ガイド——ヴェイパーウェイヴ・アーカイヴス 2009–2019』(二〇一九、DU BOOKS)という本に定義が書いてあります。「1980年代のポップスや店内BGMなどの音源の音質やスピードを落とし、延々とループさせる音楽のジャンルとされている。シティポップの文脈で話題になり、ダンスミュージックとして扱われているFuture Funkもその派生ジャンルといわれている」。ヴェイパーウェイヴの定義としてはすごく納得のできるものですが、実はここにすでに「シティポップの文脈で話題になり」というつながりもでてきています。

そもそもヴェイパーウェイヴというジャンルの背景となった発想や、ムーヴメントが内包する思想には、どういうものがあったのでしょうか。それを考える上では、猫シcorp.というヴェイパーウェイヴのアーティストのインタビューがなかなか興味深いです（「ノスタルジックな過去への逃避とは？——猫シCorp.インタビュー」TABILABO、二〇一八年八月三一日）。ここでは「ヤシの木、ネオン、リゾート地らしく演出されたショッピングモール空間、80年代の大量消費社会。これらは僕らの一部なんだよ」「ヴェイパーウェイヴには、9・11以前に存在していた古き良き世界のノスタルジアが深く関係してる」と語られています。

つまりヴェイパーウェイヴの由来にはノスタルジックなものへの憧憬が大きく関係している。それも、五〇年代、六〇年代、七〇年代へのノスタルジーというよりは、八〇年代、九〇年代というもうちょっと後の時代のものです。猫シCorp.の作品のアートワークには、Windows 95やWindows 98のデスクトップ画面や、インターネットがダイアルアップ接続で普及しはじめたころのＰＣ環境をフィーチャーしたものも多く、そのあたりの時代へのノスタルジーも想起させます。

Macintosh Plus『Floral Shoppe（フローラルの専門店）』（2011）

「幻視」というキーワードを使うと「過去への幻視」つまり、存在しなかった過去を見るという言い方ができます。過去になかったものをつぎはぎするというような発想から、ヴェイパーウェイヴ的な発想が生まれている。

ヴェイパーウェイヴの代表曲として、ヴェクトロイド（Vektroid）というアーティストがマッキントッシュ・プラス（Macintosh Plus）名義で発表した〈リサフランク420／現代のコンピュー〉（二〇一一）が挙げられます。あえてチープなCGを散りばめた、ある種のサンプリング・コラージュっぽいイメージとビジュアル。そして、八〇年代の楽曲をサンプリングしてスローダウンし繰り返すことによって、すごくゆったりとした、アンビエントやイージーリスニングにも通じるようなタイプの聴き心地をもつ音楽です。

フューチャー・ファンクはヴェイパーウェイヴの派生ジャンルと言われることもありますが、音楽性としてはほぼ別物です。簡単に言うと、ヴェイパーウェイヴはアンビエントにも通じるような、ざっくり言うと踊れない音楽としての特徴を持つ。一方で、フューチャー・ファンクはディスコ、フィルター・ハウスなどの踊れる音楽、ダンス・ミュージックとして作られています。

なので、よくヴェイパーウェイヴからフューチャー・ファンクが派生したとか、分かれて生まれた、みたいなことが言われていますが、それは発想や方法論としての話になるんですね。存在しない過去のモチーフや初期のインターネットのイメージ、八〇年代の音楽をサンプリング・コラージュして作るという発想としては派生ジャンルと言えます。そして、人脈やコミュニティも重なりあっているので、ヴェイパーウェイヴとフューチャー・ファンクはつながっているとも言えるんです。しかし音楽性として見れば、ほぼ別物なんじゃないかな、ということを思っています。

原点としてのOPN

ヴェイパーウェイヴのルーツとして重要な存在は、ワンオートリックス・ポイント・ネヴァー（Oneohtrix Point Never、以下OPN）というアーティストです。OPNはダニエル・ロパティンという人によるエレクトロニック・ミュージックのプロジェクトで、それ自体はヴェイパーウェイヴのジャンルとして括られることはない。しかし、その音楽をひとつのルーツにして、いろんな人が影響を受けていろんなトライをしている音楽として位置づけることができる。実際、OPNは『新蒸気派要点ガイド』や『ユリイカ』（二〇一九年一二月号）のヴェイパーウェイヴ特集など、いろんな書籍でも原点として語られています。

なぜ、どういうふうに原点なのか。ムーヴメントの影響源とされている作品があります。OPNがチャック・パーソンという匿名的な別の名義で二〇一〇年に発表している『Chuck Person's Eccojams Vol.1』。過去のポップ・ミュージックの名曲をサンプリングし、それを切り刻んで加工した作品です。アルバム全編にある針飛びや変なループは、再生ミスやネットワークの問題じゃなく、サンプリングとコラージュを極端にやっていることによるものです。そういうことを音楽として始めたのがチャック・パーソンでした。

Chuck Person『Chuck Person's Eccojams Vol.1』(2010)

一方、フューチャー・ファンクの影響源でいちばん大きいのはダフト・パンクです。あらためて振り返ると、今の音楽シーンの動きに大きな影響を与えている、ポップ・ミュージックのゲームチェンジャーといえるアーティストです。彼らの重要な作品として〈One More Time〉(二〇〇〇)という名曲がある。このミュージックビデオはアニメーションで、全部を松本零士さんが描かれています。ダフト・パンクはフランスの出身なんですが、子供のころに『キャプテンハーロック』といった松本零士アニメを見て育ったという影響もあって依頼したそうです。

このダフト・パンクは二〇一三年に『Random Access Memories』というアルバムを出します。これがフューチャー・ファンクに非常に大きな影響を与えました。タイトルの「ランダム・アクセス・メモリー」とはそもそもコンピューターの用語「RAM」のことですが、過去の記憶にランダムアクセスできるという意味ととることもできます。そして、このアルバムの方法論自体が過去へのランダムアクセスでもある。たとえばシックのナイル・ロジャース、ディスコ・ミュージックの始祖であるジョルジオ・モロダー、それからダフト・パンクの二人が幼少期に見て育った映画に出てきた俳優、そういったいろんな過去をパッチワークのようにつなぎ合わせて極上のディスコ、ソウル、AORに仕上げたアルバムになっています。ダフト・パンク自体はこのアルバムを最後に解散したんですが、二〇一〇年代の音楽のゲームチェンジャーとなりました。

フューチャー・ファンクがヴェイパーウェイヴから派生したと言われるのは、二〇一三年以降なんですね。だから当然、二〇一三年の『Random Access Memories』が大きな影響を与えたのは間違いないと思います。

そして、海外で最初にシティ・ポップの楽曲に着目したのは、こうしたフューチャー・ファンクのアーティストたちです。そもそもヴェイパーウェイヴに八〇年代の楽曲をサンプリングするという方法論があった。さらにダフト・パンクの『Random Access Memories』の影響で過去のディスコ・ミュージックを再解釈したダンス・ミュージックを作るという発想が広まった。そうした中でシティ・ポップの楽曲がネタ元として発見されました。

じゃあ、そのフューチャー・ファンクにはどんな人がいるのかというと、たとえばセイント・ペプシという人が、二〇一三年に『Hit Vibes』というアルバムを出している。ここに収められた〈Skyler Spence〉で山下達郎さんの〈Love Talkin'(honey it's you)〉(一九八二)をサンプリングしています。これもディスコ・ミュージックとして作られている。いわゆるアンビエントやコラージュというよりはビートが強い。四つ打ちで踊らせるビートを主体に作られているトラックである。それがフューチャー・ファンクのひとつのポイントです。

他にも、ヤング・ベーが二〇一四年に出したファースト・アルバム『Bae』の〈Bae City Rollaz〉という曲で、八神純子さんの〈黄昏のBAY CITY〉(一九八三)という曲をサンプリングしています。

ちなみにヤング・ベーのYouTubeは88risingというメディア・プラットフォームのチャンネルで二〇一七年に公開されています。88risingについて話すとこれもまたすごく長くなるんですが、ジョージとかリッチ・ブライアンとか、アジア発のヒップホップやR&Bのアーティストを抱えて全米でたくさんのヒットを生んでいるメディア・プラットフォームです。それがこういうかたちで有名になる前に、ヤング・ベーのミュージックビデオをYouTubeチャンネルにあげている。しかもその楽曲の映像は日本の化粧品のCMやアニメを大量にコラージュしたようなビデオになっている。こういう文化が二〇一四年にすでにありました。

他にもマクロスMACROSS 82-99という人がいて、二〇一四年に発表した〈スペースディスコ「82.99 FM」〉という曲で秋本薫さんの〈Dress Down〉（一九八六）をサンプリングしています。

ナイト・テンポによる「楽曲の再開発」

最初に触れたナイト・テンポも、こうしたフューチャー・ファンクのアーティストのコミュニティのなかにいた人です。本人に話を聞いたところ、二〇一五、六年くらいに、Facebookに「Future Society」というグループがあって、そこでヤング・ベーやマクロスMACROSS82-99と知り合って、「こういう曲があるんだよ」「いいよね」というふうに、ただただアマチュアの音楽好きの延長線上として、ネタ元としてのシティ・ポップの楽曲をリコメンドしあっていたというんです。

ちなみに、二〇二一年の一一月に、ロサンゼルスのThe Novoという二千人くらいのキャパでクラブでナイト・テンポの出演したライブが行われたのですが、実は二〇一五、六年くらいにあったこのコミュニティの流れがそこにちゃんとつながっている。「Neoncity Records and Goldenvoice Present NEONCITY Cruising」というイベントで、ヤング・ベーがヘッドライナー。そして、ナイト・テンポ、マクロスMACROSS82-99、ヴァンテージが出演している。同じ時期からつるんでいるアーティストで、ヤング・ベーはLA、ナイト・テンポは韓国、マクロスMACROSS82-99はメキシコ、ヴァンテージはフランス出身のアーティストです。そして「NeonCity Records」というのは香港を拠点にしたフューチャー・ファンクのレーベルです。つまりインターネットをベースにした多国籍なつながりからフューチャー・ファンクのコミュニティが生まれているんですが、その基盤からナイト・テンポがこのイベントに出ているわけですね。

ちなみに、このときのライブの様子を彼は「昭和の音楽でLAの二千人が合唱する不思議な世界線に僕らは生きています」という言葉と共に紹介しています。

ヤング・ベー、マクロスMACROSS82-99、ナイト・テンポといったアーティストたちがシティ・ポップの楽曲をサンプリングした楽曲をYouTubeやSoundcloudやBandcampといったプラットフォームに発表していたのが二〇一三年から二〇一六年にかけてのことでした。二〇一七年に〈プラスティック・ラヴ〉がミーム化する前のことです。

そして、これらのアーティストの中で、日本のメディアにおいて「シティ・ポップ・リバイバル」の火付け役として紹介されることがダントツで多いのがナイト・テンポです。

僕は二〇二一年の「シティポップの中心人物Night Tempoが目指す〝ネオ昭和〟」（uDiscovermusic、二〇二一年一二月一九日）など多くのインタビュー記事を書いているので、その状況に加担している人間の一人と言っていいと思います。

じゃあなぜナイト・テンポだけが火付け役とされているのか。これは、なぜナイト・テンポが日本のテレビなど大きなメディアに出てくるか、と言い換えてもいいかもしれません。実は、この理由が二〇一九年以降に起きている「音楽ビジネスの都市再開発」というテーマにつながります。

これはヴェイパーウェイヴやフューチャー・ファンクというジャンルが持つ構造的な問題と言ってもいいのかもしれません。なにが問題かというと、すなわち著作権侵害です。権利者の許諾なく音源やヴィジュアルや動画をサンプリングしている。たとえばヤング・ベーの〈Welcome To The Disco〉(二〇一九)という曲のミュージックビデオではアニメ『セーラームーン』を使用している。同じくヤング・ベーの〈Bae City Rollaz〉のミュージックビデオでは企業のCMをそのまま使っている。言ってしまえば、ヴェイパーウェイヴというムーヴメント自体が著作権侵害を思想として内包しているので、すでに発表されている商業的な音源や映像を無許可で好きなように取り入れてコラージュするみたいな作り方をしているんですね。ひとつの証言として、たとえば秋元薫さんの〈Dress Down〉の作曲者・松本晃彦さんが、マクロスMACROSS82-99にリミックスされていたことについて、二〇一七年一月二四日に「みんながＭｉｘしたり、ＣＤオムニバス発売や国内再発されていた。知らんかった」とツイートしています。つまりは、これは端的に許諾を得ていないという話です。

ナイト・テンポもそういう中の一人です。二〇一六年に彼は竹内まりやの〈プラスティック・ラヴ〉をリミックスしている。前述したようにこの曲がミームとして広がるのが二〇一七年なのですが、それ以前にこの曲に着目していたということで「シティ・ポップ・リバイバル」の火付け役として紹介されることになります。しかしこの時点ではマクロスMACROSS82-99やヤング・ベーと同じく権利者の許諾は得ていない。

状況が変わったのが二〇一九年です。この年からナイト・テンポは「昭和グルーヴ」シリーズと銘打って、菊池桃子や杏里、松原みき、小泉今日子などいろんな楽曲のリエディットを配信リリースしていきます。それはかつての彼自身やヤング・ベーやマクロスMACROSS82-99がやっていたようなものとは違って、音楽出版社を通して本人および作曲者に許諾を得た上でおこなっている。そこが大きな違いとしてある。音楽業界としては、権利侵害を行っている楽曲や動画をCDとして出したりストリーミングサービスで配信することはできない。マスメディアもそれを紹介することはできない。けれど、音楽出版社がきっちりと権利関係をバックアップすることで、音源を公式にリリースし、海外でシティ・ポップに注目が集まっているという現象と共にマスメディアが紹介できる状況になったわけです。

その仕掛け役となったのが、音楽出版社であるフジパシフィックミュージックの三浦圭司さんです。「今なぜ海外で「シティ・ポップ」が大人気なのか？　火付け役に聞く」（現代ビジネス、二〇一九年七月四日）という記事の取材で話を聞いたところ、「彼のつくるリミックスには愛がある」「音楽出版社として、楽曲の再開発をするというミッションもある。だったら彼に80年代の埋もれている自社の管理楽曲を掘り起こしてもらう作業をお願いできるかと思って、管理している楽曲のリストを渡して選んでもらいました」とおっしゃっていました。三浦圭司さんはその後もナイト・テンポのプロジェクトに深く関わり、フジパシフィックミュージック以外が権利を持っているものも含めて様々な楽曲についても権利者の許諾を得る作業を行ってきました。
ここで三浦圭司さんが、音楽出版社のミッションとして「楽曲の再開発」というキーワードをおっしゃっているのがポイントです。

音楽ビジネスの都市再開発

今日のテーマの二つ目にあげた「音楽ビジネスの都市再開発」というのは、つまりこのことです。「ミームの幻視」というのは、著作権侵害も一切気にすることなくインターネット・ミームが広がる状況において生まれた現象でした。一方で、二〇一九年以降はそれが音楽ビジネスに組み込まれた。

大前提として言うべきは、SpotifyやApple Musicなどのストリーミングサービスの浸透によって音楽ビジネスの構造が変わったということです。ＣＤやレコードは商品が売れることによって利益が発生しますが、ストリーミングサービスにおいては加入者が支払った月額料金が楽曲の再生回数に応じて権利者に分配される。つまり楽曲が聴かれ続けることで収益が発生する。

「楽曲の再開発」というのは、そういう状況において過去の楽曲に注目を集め新しい世代のリスナーを獲得するということです。都市というのは「シティ」ですから、すなわち「都市再開発」というのは「シティ・ポップの再開発」をレトリカルに表現した言葉です。

この「楽曲の再開発」がかなり戦略的に行われた例が、松原みき〈真夜中のドア～stay with me〉（一九七九）のリバイバルブームです。これは〈プラスティック・ラヴ〉のブームの時とは音楽業界側の動きに明確な違いがあります。

〈プラスティック・ラヴ〉は二〇一七年にYouTubeの動画をきっかけにたくさんの人に知られるようになるんですが、前述したように、plasticloverというユーザーが投稿したこの曲の動画は権利者の許諾を得た動画ではなく、結果、削除されている。レコード会社がこの曲を配信リリースし、公式のミュージックビデオを公開したのは二〇二一年のことでした。つまり、ブームが起こった二〇一七年の時点では権利者の収益に結びついていない。

一方〈真夜中のドア〉は、ブームが起こった時点でストリーミングサービスに楽曲が配信されていました。この曲は二〇二〇年一二月にSpotifyにおける楽曲の話題性を示すチャートであるバイラルチャートにおいて、アメリカやヨーロッパ各国、アジア各国で一位、グローバルチャートでも一位になるくらいのバズを起こします。そのときなにがあったのか。「日本の「シティ・ポップ」世界的人気のナゾ…現象の全貌が見えてきた」（現代ビジネス、二〇二一年三月二七日）という記事で松原みきのデジタルマーケティングを担当するポニーキャニオンの川崎義博さんに取材して書いたことなんですが、やはりムーヴメントは自然発生的に起こったものでした。

最初に動きがあったのは二〇二〇年の一〇月一四日のことでした。この日にポニーキャニオンのスタッフが、Spotify上でのこの曲の〝スパイク〟を発見した。スパイクというのは、再生回数がいきなりはねあがる現象のことです。

そこから何が理由になったのかを調べた。ひとつはJ-POPをカバーしたり、ドージャ・キャットの有名曲を日本語カバーしたりしているインドネシアのYouTubeシンガー、歌い手のレイニッチ(Rainych)さんが、この曲のカバー動画を公開したこと。もうひとつは東南アジアのとあるTikTokユーザーがこの曲を使った動画を公開して、それが広まったこと。つまり、最初のきっかけにレコード会社は関与していない。

しかし、ここからの展開が今の時代の音楽ビジネスの「楽曲の再開発」を象徴しています。ポニーキャニオンはこうやって〈真夜中のドア〉がどうやら海外で受けていると気づいたのちに、二〇二〇年の一二月二五日にオフィシャルリリックビデオを公開します。ストリーミングで幅広いヒットになるためにはYouTubeで楽曲が再生される必要がある。そのためにはオフィシャルの動画が必要だという意図を受けてのものでした。ビデオはイラストをもとにしたアニメーションの動画でしたが、そこにもちゃんと理由がある。ポニーキャニオンの川崎さんによれば、シティ・ポップの再評価にはアメリカの若い世代のファンが関与している。かつ、ここまで話してきたとおり、ある種ミーム的にそれを消費している。その文化圏において、アニメやイラストと非常に親和性が深いというところまでリサーチ済であった。だから、楽曲のミュージックビデオをつくるときには、イラストをもとにしたリリックビデオを、という発想になった。

このビデオはポニーキャニオンのオフィシャルチャンネルで公開されています。曲名を検索すると、YouTubeに公開されたこのビデオを見つけ、そこからリンクを辿ってSpotifyやApple

Musicなど各ストリーミングサービスで再生する。そのことが収益につながる。

　こうした「楽曲の再開発」の発想が生まれてきたのが、二〇一九年だと僕は思っています。それ以前には、過去の音源をもとにしたビジネスはCDなりレコードなりのリイシュー、つまり再発することによって売るというモデルしかなかった。そこからストリーミングサービスでいかに再生させるか、再生回数を持続させるかというところにビジネスの力点が変わってきた。そういうことにおいて、松原みきさんの〈真夜中のドア〉のムーヴメントは音楽ビジネス的な発想に支えられたものだと言えます。ストリーミング時代の音楽ビジネスのありかたとして、非常に戦略的にそれを成功させたということです。

　逆に言うと、〈プラスティック・ラヴ〉は、厳しい言い方になりますが、ブームになってからの対応は非常に遅く、かつ、正直、的を射ていないと言ってしまっても過言ではありません。まずは二〇一七年の時点でバズがおこったときにストリーミングサービスに音源は解禁されず、オフィシャルの動画も公開されていなかった。つまり、ネタ元としてみんなが聴いていたのは非公式の動画だった。何回再生されても著作権者の収益にはならないわけですね。実際には、YouTubeにもコンテンツＩＤという仕組みがあるので、厳密にはそうとも言い切れないところがあるんですが、少なくともストリーミングサービスに音源がないというところで、ブームを音源ビジネスとして再構築していくという動きにはつながっていなかった。

　〈プラスティック・ラヴ〉と〈真夜中のドア〉のなにが違うのかというと、音楽ビジネスとしての、日本の権利者及び音源を管理しているレコード会社の過去曲を扱う部門が、戦略的に動けていたかいなかったかの違いであると言い切っていいのではないかと思っています。

音楽ビジネスにおいては、過去の名曲は、資産のあり方として不動産に近いものになっているという見方があります。というのは、かつてと違って、ストリーミングで継続的に再生される楽曲は、その再生回数に応じて継続的な収益をあげ続けるようになっているわけです。不動産から家賃収入を得るのと同じように、定期的な収益を生み出す資本になっている。かつ、それが投資の対象として予測可能性を持つようになってきているんですね。最も象徴的なのがマライア・キャリーやワム！のクリスマスソングです。毎年一二月になるとある程度の数が再生される。海外では、大物アーティストの過去の楽曲の著作権を獲得し、それを運用する音楽著作権の専門ファンド会社も登場しています。非常に資本主義的な動きになっているんですね。

そういう観点から見ると、日本のシティ・ポップは、まだまだ再開発が必要な領域だと思います。音楽出版社やレコード会社においては、さきほど挙げたフジパシフィックミュージックの三浦さんやポニーキャニオンの川崎さんのような方が、いち早くそうした試みを行ったということじゃないかなと思います。

最前線としてのシティ・ポップ

ザ・ウィークエンドの〈Out of Time〉という曲があります。これは二〇二二年の一月にリリースされた『Dawn FM』というアルバムに収録された曲です。アルバムはアメリカのビルボードチャートで最高二位、シングル・カットされたこの曲も最高三二位となり、二〇二二年の音楽シーンにおいてかなり大きなトピックとなりました。この〈Out of Time〉は亜蘭知子の〈Midnight Pretenders〉（一九八三）をサンプリングした曲です。もちろん大物アーティストがメジャーレーベルからリリースした曲なので、権利者の許諾はクリアランスされています。サンプリングのやり方としてはかなり思い切った、元曲をそのまま使っているような曲になっています。

〈Out of Time〉のクレジットを見ると、作詞作曲とプロデュースには複数の名前があります。まずはザ・ウィークエンド本人、そしてマックス・マーティン。この人はスウェーデンの作曲家で、ナンバーワンヒットを山ほどつくっている作曲家です。そしてOPNがあります。OPNは前述したように、ヴェイパーウェイヴの影響源としてシティ・ポップの海外での再評価の一番の原点にいるような人であり、そのOPNがマックス・マーティンと共にプロデューサーとしてアルバム全体に関わっている。そのことが大きなポイントです。もちろん〈Midnight Pretenders〉の作詞と作曲を手掛けた亜蘭知子さんと織田哲郎さんの名前もクレジットされています。

これは推測ですが、OPNはかなり前から〈Midnight Pretenders〉のことを知っていたのではないかと思います。〈Midnight Pretenders〉の非公式なビデオがYouTubeにアップロードされたのが二〇一〇年一月。そして前述したように、OPNがチャック・パーソン名義で『Chuck Person's Eccojams Vol.1』を発表し、ヴェイパーウェイヴの原点となったのが、やはり二〇一〇年のことです。すなわち、二〇二二年に起こったことの種は二〇一〇年にまかれていたというわけです。

ちなみに、〈Midnight Pretenders〉は二〇二一年に七インチでシングルカットされ、ストリーミング配信もされています。ただ〈真夜中のドア〉ほどの現象になることはありませんでした。公式のミュージックビデオやリリックビデオが用意されなかったのがその一因と言えるかもしれません。

こうしてシティ・ポップのリバイバル・ムーヴメントが二〇一〇年代の海外のインターネット・コミュニティから発祥し、それが二〇二〇年代に入って音楽ビジネスとして回収された経緯を解説してきました。

ただし、最後に強調しておかなければいけないのは、これがあくまで過渡期の現象であるということです。そして、シティ・ポップを都市になぞらえるならば、いわばその〝一等地〟である山下達郎さんの過去の音源は二〇二四年現在、ストリーミング配信されていません。

山下達郎さん本人は二〇二二年七月に発売されたアルバム『SOFTLY』のインタビューの際にストリーミング配信に対して否定的な意志を示しています。権利者としてのその意向は尊重されるべきですが、ビジネス面での機会損失としてはもちろん、国境を超えたカルチャーの新しい伝播という意味でも、その意思決定が新たなリバイバル・ムーヴメントの盛り上がりに対してマイナスの影響を及ぼしていると個人的には思わざるを得ない状況です。

第2講

シティ・ポップの「シティ」はどこか

ポピュラー音楽の都市論

加藤賢（かとう・けん）

1993年愛知県生まれ。大阪大学文学研究科文化表現論専攻博士後期課程。専門はポピュラー音楽研究、都市社会学、文化政策学。論文に「渋谷に召還される〈渋谷系〉――ポピュラー音楽におけるローカリティの構築と変容」（『ポピュラー音楽研究』24号、2020）、共著に『シティポップとは何か』（河出書房新社、2022）、『クリティカル・ワード ポピュラー音楽――〈聴く〉を広げる・更新する』（フィルムアート社、2023）、*The Life, Death, and Afterlife of the Record Store: A Global History*（New York: Bloomsbury Publishing, 2023）など。

僕は一九九三年愛知県生まれで、学部のときは早稲田大学にいて、修士から大阪大学に来ました。なので一九八〇年代のシティ・ポップはまったくリアルタイムではないし、東京出身者でもない。いわば後追いの部外者で、外の視点からシティ・ポップというものを研究のテーマにしてきた人間です。専門はポピュラー音楽研究で、ポピュラー音楽を題材にいろいろ書いてきました。

これまでにはスイスのフリブール大学にいらっしゃいますモーリッツ・ソメさんという日本学研究者の論文、「ポピュラー音楽のジャンル音楽における間メディア性と言説的構築──『ジャパニーズ・シティ・ポップ』を事例に」という論文を翻訳させていただいたり、その書評論文として、「『シティ』たらしめるものは何か?──シティ・ポップ研究の現状と展望」というのを大阪大学音楽学研究室の学報に書いたりしています。本日の講義の内容には、彼の研究から学んだことが数多く含まれています。

またモーリッツ・ソメさんとの共同研究として、二〇二〇年の一二月、海外のコアなオンライン上のシティ・ポップ・コミュニティにアンケート調査を行って、その報告原稿を「Japanese

City Pop abroad: findings from an online music community survey」という論文にまとめました。英語では無料で読めるんですが、日本語訳をして加筆した原稿が、二〇二二年に河出書房新社から刊行された『シティポップとは何か』（柴崎祐二編著）という本に収録されていますので、もし細かいデータが気になった方はそちらでお読みいただければと思います。それから、『ポピュラー音楽研究』という日本ポピュラー音楽学会のジャーナルには「渋谷系」についての論文を書いたりしています（「渋谷に召喚される〈渋谷系〉――ポピュラー音楽におけるローカリティの構築と変容」）。

複製芸術としてのポピュラー音楽

今回の大きなテーマはポピュラー音楽と「都市（city/urban）」、あるいは「場所（place）」についてです。場所という言葉には実はすごく多様な定義があるのですが、きょうは細かい話は抜きにして、空間とか地理とか土地とか、われわれがいま生きているこういう場であるとか、イメージとしての都市とか、そういった視点からシティ・ポップを扱ってみたいと思います。シティ・ポップの「シティ」とはどこか。ここでまず大事なのは、その「どこか」をわたしが規定することはできないということです。聴いている人ごとに違って当然ですからね。むしろ今回の講義を通して、シティ・ポップという音楽をわれわれは「どこ」の音楽として聴いているのか、音楽に「どこか」を問う意味とは何か、そういったことを伝えられたらと思います。

ポピュラー音楽にとっての「場所」を考えるのは非常にややこしいことです。なぜか。かつての民謡や民俗音楽などと呼ばれる音楽は、常に人類の歴史と共にあり、それらは都市村落や民族集団などと深く結びついていたので、「どこ」で奏でられている音楽かは比較的自明なことでした。ですが、現在われわれが楽しんでいるようなポピュラー音楽産業というのは、複製・大量生産の技術によって生まれたものです。つまり、同じものをいっぱいつくる技術があってはじめて成立した産業だということですね。

この産業のルーツは一九世紀の欧米で盛んになった楽譜出版業だと言われています。会社が作曲家を雇って、シート・ミュージックと呼ばれる短い楽曲の楽譜をいっぱい出版する。この楽譜を売るために、酒場なんかでピアニストに弾いてもらったり、人前で歌ってみせたり、あるいは自動ピアノに演奏させたりして宣伝した。これがポピュラー音楽産業の起源です。一九世紀後半に録音技術が発明され、徐々に大衆へ普及していくと、楽譜はレコードに置き換わっていきました。

メディアや録音方法は色々刷新されましたが、複製物をベースとした産業であることは今も昔も変わりありません。楽譜であれレコードであれデジタルデータであれ、生演奏された音楽がダイレクトに私たちの元へ届くわけではない。メディアという複製物に転写される過程で、音楽は編集され、音符や溝や数字といったデータへと変換されるわけです。つまり、私たちが音楽を聴く上で無意識の前提としている、その場のみの生演奏、いま目の前で演奏されて、音になったそばから消えていく……そういう音楽のありかたから、ポピュラー音楽産業は最初から外れているわけですね。

電気録音が発明され、マイクによって音を電気的に増幅することができるようになった一九二〇年代からは、生の音になにかしらの加工がされるようになります。そもそも小さな音を大きな音へと変換すること自体、革新的な加工技術でした。それまでは吹き込みラッパの前で「いっせーの」で歌っていたから、大きな声じゃないとボーカルが入らなかったりしたのですが、小さな声でも録音に乗るようになった。そこで新たな歌唱法が生まれたり、クラシックギターのような音の小さい楽器が、オーケストラと並んで演奏できるようになったりしていきます。

一九六〇年代には、磁気テープを使ったマルチトラック・レコーディング、つまり各パートの別録りや、それらをあとで編集してひとつの曲にするということが可能になります。ビートルズやビーチ・ボーイズはそれを活用した初期の例ですね。この技術によってひとりでコーラスをやったり、ひとりで全部の楽器を演奏したり、あるいはベースだけ別で録り直したり、そういったことができるようになります。これはシティ・ポップが隆盛した一九八〇年代初頭ごろのレコード制作においても同様で、アレンジが決まったら、まずスタジオで各楽器やボーカルを別々のテープに録音し、次に各トラックを一つの完成音源へと編集する作業（ミックスダウン／マスタリング）を行う。そうして出来上がったマスター音源をレコード盤にプレスして大量生産し、流通・販売網に乗せる、というのが標準的なプロセスでした。さらに、一九九〇年代になるとDTM（デスクトップ・ミュージック）ツールの登場によって楽器を使わずに打ち込みでも音楽がつくれるようになっていきます。もっとも打ち込み自体は一九七〇年代くらいからあるんですが、そういうものが一気に身近になっていくのが九〇年代です。そうなると、奏者がひとりもいないオーケストラ・サウンドみたいなものができるようになっていきます。

「場所」と「空間感覚」

こうした録音技術の進歩を「場所」という視点から考えると、すべての楽器が別の場所で録音されたり編集されたりして、さらにそれが別の場所で大量生産されて、別の場所へと流通さるようになった、ということができます。それをわれわれはいろんな場所で買ったり聴いたりしている。音楽は様々なところから流れてきますよね。それはスーパーのBGMかもしれないし、カーラジオかもしれないし、YouTubeかもしれない。このように「どこの音楽か？」を、現実空間の話だけで説明しようとすると、とてもややこしいことになってしまいます。

キース・ニーガスというイギリスの音楽社会学者は、「場所（place）／空間感覚（sense of space）」は異なる概念である、と述べています。たとえば一般的なレコーディングの過程を考えてみると、作詞作曲される場所、各楽器がレコーディングされる場所、ミックス／マスタリングが行われる場所、パッケージングされる場所、実店舗が存在する場所……などなどは、基本的に全部異なります。スタジオで一発録りする場合もありますが、少数派でしょう。つまり、ひとつの楽曲の中に収録されている音であっても、実際は時間的・空間的に離れた場所で収録されていたりするわけですね。このような、ある行動を取る地理的地点が「場所」です。

ただし、その音楽を聴いたリスナーがそういった収録や流通の現場をイメージするかというと、そんなことはないですよね。それこそ、シティ・ポップでいえばリゾート空間を思い浮かべたり、ミュージックビデオやアートワークで描かれた風景を眺めながら聴いていたりするわけです。これがニーガスのいう「空間感覚」です。場所と空間感覚はどちらも大事で、片方だけが重要だというわけではありません。

ただし、この二つを区別しないと話が混乱してしまうわけです。シティ・ポップはどこの音楽かということを考えようとしたときに、これは六本木ソニースタジオで録られたから六本木の音だよ、と言われても「そうかな？」となりますよね。あるいは、この人は東京で生まれ育っているからシティ・ポップだよ、みたいなことを言われても「音楽ジャンルって演奏者の生い立ちで決まるものなの？」という当然の疑問がわいてくるわけです。そういう無用な混乱を避けるために、場所と空間感覚を区別しながら考えていく必要があるんですね。

地理的な知見を踏まえた先行研究も、「場所」と「空間感覚」のどちらに重きを置いているかでざっくり分類することができます。場所については地理や産業分布からアプローチしていくことが考えられますが、その点についていえば日本は、ライブハウス、録音スタジオ、楽器店小売店など、地理学者の増淵敏之が『欲望の音楽――「趣味」の産業化プロセス』（法政大学出版局、二〇一〇）のなかで「音楽的装置」と総称しているような拠点が、過剰なほど東京に一極集中しています。ここまで首都に集中している国は珍しい。同じく首都機能の強いイギリスであっても、ロンドン以外に自律的な音楽出版社があり、レコード会社があり、メディアがありますす。元々この国は四つのカントリーの連合体ですからね。アメリカでは州ごとに音楽産業の集合体が形成されており、企業やレーベルが買収合戦を繰り返しながら、各地で個性ある音楽文化を作り出しています。日本でも戦前はこのような地場産業的なあり方が存在していたのですが、戦後はGHQの影響などもあって、東京にメディアと音楽産業が集積していきました。現在、日本レコード協会の正会員であるメジャーレコード会社のうち、一八社中一八社すべてが東京の、しかも都心に本社を構えているのは厳然たる事実です。

一方の空間感覚は、イメージのなかの空間や都市を考えていきます。都市論の古典であるケヴィン・リンチ『都市のイメージ』（岩波書店、一九六八［一九六〇］）では、現実に制度や産業として存在する都市をわれわれは捉えることができない、と述べられています。われわれが捉えているのは都市そのものではなく、イメージである、ということですね。歩いてみたときにモニュメントがあるとか、街の教会はここであるとか。そういうイメージのなかではじめて都市を知覚できるわけです。これを捉えるためには、都市がどのようなイメージを伴って人びとの間に伝わってきたかを考える必要があります。これをポピュラー音楽研究に応用してみると、たとえば楽曲の中で、ある特定の街が、どのような表現でもって描写されてきたかを分析することも大切な研究になってくるでしょう。

シティ・ポップは東京の音楽か？

こうした前提を踏まえてあらためて「シティ・ポップは東京の音楽か？」を考えてみたいと

思います。これはイエス／ノー、である／ではないという話ではなくて、どういう文脈において「東京」という都市と結びつけて語られてきたのか、という問いです。これを念頭に置きながら、ひとまずシティ・ポップというジャンルの出現からリバイバルに至る、歴史的経緯をおさらいしていきたいと思います。

二〇二二年二月現在、世の中にあるシティ・ポップをめぐる記事や言説は、大きく三種類に分類する事ができます。ひとつは、はっぴいえんどを軸として、ミュージシャンの交流関係やインタビューなどを紹介するものです。一九七〇年から数年間活動したこのロックバンドを中心に、七〇、八〇年代の立教や青学や慶應や早稲田といった、当時の東京私学文化を母体とするようなミュージシャンたちをシティ・ポップの核として位置付ける見方ですね。なかには人物同士の相関関係を、ファミリー・ツリーのように掲載する記事などもあります。ちなみに、はっぴいえんどを中心として日本のロック史を説明する歴史記述は、俗に「はっぴいえんど史観」と呼ばれます。

二つ目はヴィジュアル・イメージに関するものです。デザイン集団のワークショップ・ムー（WORKSHOP MU!!）や、永井博さん、鈴木英人《えいじん》さん、わたせせいぞうさんなどが手がけた、リゾートや摩天楼、アメリカ西海岸、昔のハリウッド映画などを想起させるデザインの特集ですね。大瀧詠一『A LONG VACATION』（一九八一）や山下達郎『FOR

左 大瀧詠一『A LONG VACATION』(1981)／右 山下達郎『FOR YOU』(1982)

YOU』（一九八二）のような、鮮烈なイメージを持つジャケットがよく取り上げられます。

そして最後に、シティ・ポップが「海外で発見された／人気がある」といった紹介をする内容の記事です。これは興味深い内容だとわたしも思います。ただし、それが本当に事実を捉えているのか、それとも日本人の書き手がそこに理想を投影しているだけなのかがわかりません。どれぐらいの規模で、どれぐらいの数字で人気があるのか、聴いているのは誰なのか、というところまで踏み込んだ記事はほとんど存在しません。

近年イメージされるシティ・ポップのわかりやすい例として、ジャンク フジヤマさんの〈あの空の向こうがわへ〉（二〇一二）を取りあげてみましょう。この楽曲には、いまの私たちが「シティ・ポップ」という言葉を聴いて思い浮かべる要素がほとんどすべて詰まっています。この曲が興味深いのは、二〇一〇年代に始まったシティ・ポップ・リバイバルにおける最初期の作品であるにもかかわらず、山下達郎の一九八〇年代初頭くらいのサウンドを非常に熟練した形で再構築している点です。

ジャンク フジヤマ〈あの空の向こうがわへ〉(2012)

では、このようなシティ・ポップの典型像はいつ生まれたのでしょう？　なんたって「都市のポップ」なんですから、このジャンルがどうやって形作られたのかを歴史的にふりかえっていくことは、シティ・ポップが「どこ」の音楽なのかを考えるための近道になりそうです。

また、はっぴいえんどを起点としてシティ・ポップを説明するような歴史記述のあり方は、いつごろ生まれたものなのでしょうか？　結論を先取りして言うと、七〇年代後半に「シティポップ（ス）」という言葉が初めて現れたとき、この言葉は、はっぴいえんどを母体とするようなファミリー・ツリーと結びつけて理解されているわけではありませんでした。

ですからまず、シティ・ポップが成立するまでの流れを歴史から確認し、この種の音楽が、どのようなイメージとともに受け取られてきたのかを見ていきます。それからリバイバルに至った経緯についても、二〇〇〇年代から徐々に大きくなって、一〇年代には今のように大きなムーヴメントになっていくわけですが、その過程を正確に理解していく必要があるかと思います。合わせて確認していきましょう。

はっぴいえんどはシティ・ポップの親なのか

たいへん興味深いことに「シティ・ポップ」という言葉に先んじて、七〇年代前半頃に「シティ・ミュージック」という用語が世に現れています。ややこしくて申し訳ないのですが、この二つの言葉をいったん別物として理解してください。今回の講義におけるキー・ポイントのひとつなのです。

この「シティ・ミュージック」という言葉のルーツは、元を辿ると「はっぴいえんど」です。はっぴいえんどの『風街ろまん』（一九七一）というアルバムがありますよね。一九六四年の東京五輪に伴う再開発で失われた港区周辺の風景を、歌詞というファンタジーのなかで「風街」

として蘇らせる。空想の東京、すでに失われてしまった街の中を、路面電車が走り抜けていく……そういうコンセプトだったわけです。このコンセプトは、はっぴいえんどのドラマーであり、ほとんどの曲で作詞を担当していた松本隆さんと、その親友であり、(メンバーではないもの)はっぴいえんどのブレーン的存在であった石浦信三さんによって生み出されました。現在では日本のロック・アルバムの金字塔とされている『風街ろまん』ですが、もともと松本隆さんが構想していたタイトルは『風都市』だったんだそうです。でも石浦さんが、この言葉を新しく立ち上げたマネージメント事務所の名前に転用してしまった。それで、なし崩し的にアルバムタイトルは『風街ろまん』となり、『風都市』は事務所の名前になりました。ここには先に挙げた石浦信三のほかに、上村律夫、前島邦明、石塚幸一といった人びとがスタッフとして関わっていました。彼らは渋谷・百軒店《ひゃっけんだな》で現在も営業しているロック喫茶「B.Y.G」を拠点に、はっぴいえんど、はちみつぱい、あがた森魚《もりお》といったアーティストのマネージメントを行う中で、それまでの音楽業界の枠組みに囚われない自立した音楽制作のあり方を目指そうとしたのです。そのために風都市は一九七一年頃にはライブ・ブッキング会社の「ウインド・コーポレーション」という法人を立ち上げ、ついで原盤制作会社「シティ・ミュージック」を設立します。つまり「ウインド(風)」と「シティ(街/都市)」ってことですね。より詳しく知りたい方は、本書第四章の講義を担当された川村恭子先生も取材・編集で携わっている『風都市伝説——1970年代の街とロックの記憶から』(音楽出版社、二〇〇四)を読んでみてください。

はっぴいえんどの解散コンサート「CITY – Last Time Around」は、一九七三年九月二一日に開催されています。当時はっぴいえんどはすでに解散状態にありましたが、その区切りとなるような解散コンサートをやろうじゃないかと言うことで「風都市」の企画担当のもとで実施されたのです。風都市傘下のシティ・ミュージックが、トリオという音響会社（現ＪＶＣケンウッド）と組んで設立した「ショーボート」というレーベルから、その解散コンサートのライブアルバムが出ているのですが、そこでは南佳孝や、松本隆がドラムを叩いているオリジナル・ムーンライダース、ココナツ・バンク（コーラスにシュガー・ベイブが参加）、吉田美奈子などが出演しています。

そして七〇年代後半になると、この解散コンサートに出演したミュージシャンたちの作品もまた「シティ・ミュージック」と呼ばれるようになっていったことが、当時の雑誌記事から明らかになっています。どこまで風都市と因果関係があったのかは分かりませんが、法人の名前から、今度は音楽ジャンルの名前になったわけですね。南佳孝や大貫妙子、山下達郎、荒井由実、吉田美奈子、矢野顕子などがその代表的アーティストでした。コンセプトや歌詞だけではなく、そのサウンドもまた「都会的なフィーリングがある」と音楽ファンから見なされたわけです。

はっぴいえんどの面々はその後、それぞれ分野でキャリアを切り開いていきます。細野晴臣や鈴木茂は、セッションユニット「キャラメル・ママ」、のちの「ティン・パン・アレー」を結成し、売れっ子スタジオ・ミュージシャンとして活躍する一方、個性あふれるソロアルバムを制作していきます。大瀧詠一は自身のレーベル「ナイアガラ」を立ち上げ、これまた個性の塊のような作品を作る一方、シュガー・ベイブのファースト・アルバム『SONGS』（一九七五）を世に送り出しました。松本隆は当初プロデュース業を行なっていましたが、次第に職業作詞家としての活動へシフトしていくようになります。

ここまで、七〇年代に現れた「シティ・ミュージック」という用語と、その周辺文化について説明してきました。この言葉は法人の名前であり、転じて音楽ジャンルの名前としても用いられました。そしてこの根本には、はっぴいえんど時代の松本隆が思い描いた都市へのヴィジョンがありました。こうして考えると、シティ・ミュージックは「場所」と「空間感覚」の双方において紛れもなく「東京」的な動向だったといえるでしょうし、はっぴいえんどをルーツとしていることも間違いなさそうです。では、これにて結論！　……としたいところなのですが、歴史の糸はそう単純ではありません。これから「シティ・ポップ」という用語の成り立ちに進んでいきますが、その前に六〇年代後半から八〇年代初頭にかけて起こった、経済的・技術的・文化的な変化をざっくりと見ておきましょう。

「輸入盤」という文化

七〇年代にはいくつも大きな変化が起こりましたが、シティ・ポップにつながるものでいうと、ニクソン・ショックに伴う変動相場制への移行がありました。戦後のブレトン・ウッズ体制のなかでは一ドル三六〇円という固定相場制だったわけですが、一九七一年八月に当時の大統領であるリチャード・ニクソンが米ドルの金兌換停止を発表し、同年一二月には一ドルを三〇八円とする大幅なドルの切り下げを行います（スミソニアン協定）。その後、いくつかの段階を経て一九七三年ごろに変動相場制へ移行すると、為替レートは急速に円高へ向かっていきました。一九七八年には一ドルが二一〇円ぐらいになり、そこからしばらくは二二〇円くらいで安定していくんですが、こうした円高相場は日本経済の堅調な強さや一九七二年に行われた輸入貿易管理令の改正ともあいまって、海外のモノを買ったり、海外旅行へ行ったりすることへのハードルをぐっと引き下げました。世界初のワイドボディ機であるボーイング747が一九六九年に初飛行を遂げ、ジャンボジェットによる大量輸送時代を到来させたことも、この傾向を後押ししました。

さらにもうひとつ、輸入盤というものが広く流通し始めます。戦後の日本において、国内で出版されたレコード、つまり国内盤は再販価格維持制度の対象に指定されたため、何十年にもわたって価格が大きく変化しない、いわゆる「物価の優等生」でした。反対に、制度の適用外である輸入盤の価格は時代が降るごとに下落していき、変動相場制への移行をきっかけに、ついには国内盤よりも安価になります。だから輸入盤店にアクセスできる人にとっては、発売までにタイム・ラグがあって、確実に出るとも限らない国内盤を待つよりも、六本木や南青山などにあった輸入盤店でレコードを買うほうが安いし早いという状況が生まれました。

それからカセットテープの普及も重要です。カセットテープ、正確にはコンパクトカセットと呼ばれるメディアは一九六〇年代初頭に開発されるんですが、この時代に入ると需要が拡大していく。その要因は大きく分けてふたつあって、ひとつは自家用車、大衆車の普及によってカーステレオの需要が相対的に高まっていったことです。もうひとつは一九七九年のウォークマンの登場です。つまり音楽を纏《まと》い、移動しながらイヤホンを着けて聴くという聴取スタイルがここで初めて生まれたのですね。それまでイヤホンはあんまり一般的じゃなかったんですね。音楽は家で高価なステレオで聴くのがいい、というような考え方があり、携帯型カセットレコーダーというのは録音をするために使うものだ、という常識があったわけですが、ウォークマンは高音質で持ち運び可能な再生専用機であり、それゆえに人びとの聴き方を変えたのです。一九八一年に出た二代目モデルWM-2は二五〇万台を売り上げました。

そういうことが、シティ・ミュージックという言葉のもとに船出した、はっぴいえんど周辺から現れたようなアーティストや、あるいはそのあと八〇年代にシティ・ポップという言葉で呼称されていったアーティストの環境にも大きく影響を与えています。中でも象徴的なのは、山下達郎の曲〈RIDE ON TIME〉（一九八〇）が使われている、日立マクセルのカセットテープのCM（一九八一）ですね。

変動相場制への移行による円高の進行や輸入盤の普及によって、海外のトレンドをより安価に、より同時代的に捉えることができるようになりました。海外レコーディングが現実的なものとなったことで、ミュージシャンは次々と渡米・渡英し、新たなアイデアや知識を日本へと持ち帰りました。かつては「一生の夢」だった海外旅行が手の届くものになったことは、まだ見ぬ外国の都市やリゾートに対する人びとの憧れを募らせました。また、カーステレオやウォークマンの登場によって普及した「移動しながら聴く」というスタイルは、どこで音楽を聴くか？　という前提を不可逆的に変化させました。七〇年代は、ミュージシャンやリスナーの活動拠点や聴取地点といった「場所」と、人びとが音楽を聴きながら思い浮かべる「空間感覚」の双方が劇的に拡大した時代だったのです。

同時期の洋楽の動向

輸入盤の普及は洋楽の受容を一気に拡大させたわけですが、六〇年代から七〇年代にかけては、洋楽においても大きな変化がありました。英米に話を限って説明しますが、とくにアメリカで、いわゆるブラック・ミュージックが大きく発展し、人種の壁を超えて幅広い人気を獲得するようになります。この流れに大きな影響を与えたのが、六〇年代に人気を博したモータウン・サウンドです。デトロイトにあるモータウン・レコードという会社から、スモーキー・ロビンソンにはじまり、若いときのスティーヴィー・ワンダー、シュープリームス、ジャクソン5、マーヴィン・ゲイといった人たちが出てきたのです。スティーヴィー・ワンダーに影響を受けた曲として、たとえば大貫妙子さんの〈都会〉（一九七七）という曲があります。この曲は「都会」というタイトルですが、アンチ都会というか、都市の喧騒から逃避するような歌詞が歌われています。そのうえで、当時の洋楽の動向に呼応したようなサウンドが取り入れられている。興味深い例だと思います。

モータウン的なポップ・ミュージックがさらに発展していく中で、ギャンブル&ハフ、トム・ベルといったソングライターが手掛けた、流麗なフィラデルフィア・ソウルというものも生まれます。MFSB（マザー・ファザー・シスター・ブラザー）の〈TSOP（ザ・サウンド・オブ・フィラデルフィア）〉（一九七四）などが代表曲ですね。ちなみに、この曲でボーカルを担当しているスリー・ディグリーズは、この同年に日本独自企画として作詞・松本隆、作曲・細野晴臣による〈ミッドナイト・トレイン〉（一九七四）を、翌年には作詞・安井かずみ、作曲・筒美京平による〈にがい涙〉（一九七五）をリリースしており、七〇年代の日本におけるブラック・ミュージック受容を考えるうえでも貴重な資料となっています。

同時期にはマーヴィン・ゲイやカーティス・メイフィールドなどによる、公民権運動やベトナム反戦運動とも同調した内省的なニュー・ソウルもでてきますし、七〇年代なかば以降にはディスコブームが加熱していくことになります。映画『サタデー・ナイト・フィーバー』（一九七七）は、それが最高潮に達したある一瞬を捉えた作品のひとつです。ディスコ文化には、女性やゲイ、黒人やラテン系といった、当時のアメリカ社会で弱い立場に置かれていた人びとも数多く関わっていました。

それから、フュージョンというジャンルがジャズの流れから生まれてきます。六〇年代末以降のマイルス・デイヴィス、いわゆる「エレクトリック・マイルス」期のバンドメンバーだったチック・コリアが自身のグループであるリターン・トゥ・フォーエヴァーを結成して、フュージョンという新しいジャンルの旗頭になっていく。それからもうひとつ、白人ミュージシャンがソウルやジャズの技法を取り入れる動きが起こります。たとえばスティーリー・ダン、ボズ・スキャッグス、TOTO、それからエアプレイ。こういう音作りというのは、日本では「アダルト・オリエンテッド・ロック（AOR）」と呼ばれました。ちなみにこれは和製英語で、海外では「アダルト・コンテンポラリー」と呼ぶのが普通です。英語圏だとAORとは「アルバム・オリエンテッド・ロック（アルバム志向のロック）」を指す略語なので、意味が変わってしまいます。このほかにも六〇年代初頭から七〇年代末にかけては数多くの新しい音楽ムーヴメントが生まれ、日本のミュージシャンたちに多大な影響を与えていきました。

「シティ・ポップ」という言葉

ここまでシティ・ポップという言葉を自然に使ってきましたが、そもそもこの語はいつごろ現れたのでしょうか。資料によると、この言葉の初出は七七年ごろ自然発生的に出現したとされています。現在までに発見されている初期の使用例としては、たとえばシンガーの惣領智子さんが七七年の一〇月に出したアルバム『City Lights by the Moonlight』の帯に「シティ・ポップス期待のシンガー」という文言があります。この時代は「ポップ」ではなく「ポップス」という表記の方が一般的だったんですね（この講義の後、より古い使用例としてフォーク・グループの日暮しが七七年五月に発売したシングル〈オレンジ色

惣領智子『City Lights by the Moonlight』(1977)

の電車〉の雑誌広告が発見されています。ここでの表記もやはり「シティ・ポップス」でした)。しかし、このシティ・ポップ(ス)という言葉が、はっぴいえんどから始まるような「シティ・ミュージック」の流れと結びついて認識されていたかというと、どうもそう単純ではないようです。もちろん山下達郎や荒井(松任谷)由実、南佳孝らに使われている例はありますが、それ以外にもはっぴいえんどとあまり関係のない、たとえばさだまさしの妹で、長崎市出身の佐田玲子さんのような人にもシティ・ポップ(ス)という言葉が使われているんですね。

これにはいくつか理由があるんですが、まず当時、はっぴいえんどは今ほど重要視されていませんでした。大瀧詠一は一九八一年に『A LONG VACATION』を出すまでは基本的にはマニアックで面白いアルバムを出す変わった人という存在でしたし、細野晴臣も広く名前が知られるようになるのはYMOを結成した七八年以降です。松本隆は比較的早期からヒット曲に恵まれましたが、それも七〇年代の半ばからです。

しかし何よりも重要なのは、この時期の「シティ・ポップ」という用語が、端的に言って「商業的なラベル」のひとつでしかなかったことです。それがジャンルとして、特別な含みを持っていたわけではないのです。なんとなく都会っぽい雰囲気の音楽だったから、そこにシティ・ポップという言葉をつけただけのことです。

この時代「シティ」という言葉は色々なところで使われています。雑誌『宝島』の誌面が七五年にリニューアルしたときの第一弾特集は「シティボーイ」ですし、七六年に創刊された『POPEYE』のキャッチコピーは「Magazine for City Boys」でした。八一年にはホンダがその名もずばり「シティ」という小型車を発売し、その愛らしくて斬新なデザインと燃費の良さ、イギリスのスカ・バンドであるマッドネスを起用したCMのキャッチーさなどから大ヒットしました。つまり、「シティ」というのは当時新しく使われはじめた流行語であり、キャッチフレーズだったわけですね。その延長線上に「シティ・ポップ」という言葉も生まれたわけですが、その使用法について、別になにか規則性があるというわけでもありません。そして多くの流行語がそうであるように、シティ・ポップという言葉もまた、八〇年代末には死語になっていきます。

「シティ・ポップ（ス）」と呼ばれたほとんどのミュージシャンは、仕事の関係上東京で活動していたでしょうが、だからと言って八〇年代当時、こうしたアーティストが具体的な地名や固有名詞などを挙げて「東京」という街のローカルな物語を表現したケースは決して多くありません。ユーミンや山下達郎、角松敏生、山本達彦、南佳孝などは東京出身ですが、だからこそなのか彼（女）らの関心は日本よりも海外に向いていましたし、オーディエンスも彼らにコスモポリタンなアーティスト像を求めました。この時代に「東京」を楽曲の主題として意識的に取り上げたのは、むしろ「上京」という経験を持つフォーク出身のミュージシャンたちであったように思います。

はっぴいえんどの系譜、それ以外のシティ・ポップ

ここまで、はっぴいえんどの流れを汲む「シティ・ミュージック」と、マーケティング的な

意図のもとで出現した「シティ・ポップ（ス）」という二つのジャンル用語が存在していたこと、それらが本来別物であったことを説明してきました。ですが、この二つのジャンルを横断するアーティストももちろん存在します。その代表的な例が角松敏生さんです。角松さんは渋谷区の出身で、少年期にはっぴいえんどに物凄くのめりこんだんだそうです。一九六〇年生まれなので、とても若い頃から聴いていたんですね。

その後、角松さんは八〇年代にＲＣＡビクター、大貫妙子とか山下達郎がいたレーベルからデビューしています。ただ、同じレーベルといっても、ニューミュージックの制作部からレコードを出していた大貫妙子や山下達郎と違って、角松さんは歌謡・芸能セクション、つまり歌謡曲の制作部からデビューしているんですね。当時の角松さんはまだ二〇歳そこその若さで、ルックスも良かったので、アイドル的な人気を獲得しようとする会社側の思惑があったのかもしれません。しかし、そういった意図に絡め取られるようなこともなく、村上〝ポンタ〟秀一やパラシュート、ティン・パン・アレー系の一流セッション・ミュージシャンが集ったアルバム『SEA BREEZE』（一九八一）によってデビューを飾り、シティ・ポップ（ス）の看板的存在になっていきます。

二〇〇〇年代以降、はっぴいえんどの再評価が確立されていきますが、それに比べて角松さんに再注目する動きというのはあまり起こりませんでした。もちろん、好きな人はすごく好きだったのですが、だからといって再評価の対象にはならなかったわけです。それは彼が商業的に全盛だった時代のサウンドが、あまりにも強く八〇年代と結びついていたからでしょう。二〇〇〇年代の人びとにとって、八〇年代はまだ中途半端に新しすぎたのです。

角松さんの例だけをみれば、シティ・ミュージックとシティ・ポップはそのまま一直線でつながりそうですが、実際にはそうはいきません。例外がたくさんあるからです。その象徴的な例として、林哲司というソングライターを取り上げましょう。一九七九年の松原みき〈真夜中のドア～stay with me〉、竹内まりや〈SEPTEMBER〉、オメガトライブ、菊池桃子の諸作品などを数多く手掛けていて、シティ・ポップ・ファンにも馴染み深い存在です。また、この時期には〈スカイハイ〉（一九七五）で有名なジグソーに曲を提供したり（〈君にさようなら〉（一九七八））、和製ディスコ・ユニットのイースタン・ギャングを手掛けたりもしています。

林哲司ははっぴいえんど的な人脈から出てきたわけではありません。高校生まで静岡県富士市で育ち、加山雄三に触発されて作曲を始めた林さんは、上京すると東京・恵比寿にあったヤマハ音楽振興会のスクールでポピュラー音楽の作編曲を学びます。この時期のヤマハの動向は日本のポピュラー音楽史を考えるうえで非常に重要です。一九六六年にフォークギター、エレキギター、エレキベースの製造を開始し、音楽教室を通して自社開発の電子オルガンである「エレクトーン」の普及も試みていたヤマハは、この新たな楽器を売り込むためにもポピュラー音楽を浸透させよう、そして演奏や音楽教育を担える人を全国へ送り出そう、という熱意に燃えていました。そのために人材育成を積極的に行っており、三重県にある合歓《ねむ》の郷《さと》に作ったネム音楽院や、東京都内に開設した音楽学校を通して、多くのプロフェッショナル・ミュージシャンを育成していました。また、通称「ポプコン」と言われるポピュラー・ミュージックのコンテストを開催し、そこから次のスターを産み出そうとする試みも行っています。

林哲司はそういうヤマハの流れから出てきました。もっとも竹内まりやへ曲提供を行っていることからも分かるとおり、はっぴいえんどとのつながりが「ない」わけではないのですが、それは「若手作曲家が、売り出し中だった若手歌手のために楽曲を提供した」という関係性として捉えたほうがいいでしょう。林哲司のように、はっぴいえんどとは異なる文化圏から現れたアーティストはたくさんいます。こうした存在を抜きにして、八〇年代の、あるいはこれから説明する二〇〇〇年代以降にリバイバルしたシティ・ポップを説明することはできないのです。

再浮上する「シティ」

二〇〇〇年代に入ると、いちど死語になったはずの「シティ・ポップ」という用語が再浮上してきます。サウンドそれ自体が再度流行り出したというよりも、書籍や雑誌記事といった外部のデータベースが充実したことで、過去のアーカイヴに対する再注目の機運が高まったというのが正確な経緯でしょう。そのうちの重要文献のひとつ、二〇〇〇年代初頭に木村ユタカさんが編集した『ジャパニーズ・シティ・ポップ』(シンコーミュージック、二〇〇二)というディスクガイドは、はっぴいえんどのファースト・アルバムから始まり、最後は二〇〇二年に出たはっぴいえんどトリビュートアルバムで終わるという、はっぴいえんどを中心とした構成をとっています。「シティ・ポップ」はっぴいえんどの系譜」という構図が、書籍の中で明確に示されていませているわけですね。この本は重要曲を太字で紹介しているのですが、現在ではシティ・ポップの代表曲になっている〈プラスティック・ラヴ〉が太字で書かれていないのが興味深いですね。つまり、その曲を聴いて踊るということを前提としない、静的なリスナー視点から編纂されていたわけです。

もうひとつ、金澤寿和さんの編集した『Light Mellow 和モノ669』（毎日コミュニケーションズ、二〇〇三）という本もあります。こちらはどちらかというとDJ向けのディスクガイドで「踊れる」曲が中心に紹介されています。こちらもはっぴいえんど人脈周りのアルバムが数多く紹介されていますが、もっと実用性重視といった感じです。海外調査によると、海外コミュニティでも当時から結構アンダーグラウンドで流通していたそうです。こうしたディスクガイドの存在は、七〇年代半ばの「シティ・ミュージック」と、八〇年代前後に出現した「シティ・ポップ（ス）」という、異なる歴史的背景を持っていた二つの用語を、「シティ・ポップ」という語に統一する役割を果たしました。

もっとも、こういうディスクガイドが突然ぽんと出てきたわけではなくて、それ以前に伏流が存在していました。それが九〇年代初頭に起こった「渋谷系」というカルチャーです。渋谷系文化はそれまで見向きもされていなかった過去の楽曲に数多く光を当てたのですが、そのような「発掘」の対象に日本のポピュラー音楽も含まれていたのです。

はっぴいえんどの再評価は、元を辿ると八〇年代後半に雑誌『宝島』やSFC音楽出版（現ウルトラ・ヴァイヴ）が行った日本語ロックのアーカイヴ整備に始まり、九〇年代に入ると、渋谷系的な流れの中で「はっぴいえんどが日本語ロックのルーツだ」という歴史が編まれていきます。サニーデイ・サービス『若者たち』（一九九五）のようなはっぴいえんどフォロワーの登場や、一九九四年のシュガー・ベイブ『ＳＯＮＧＳ』再発なども、このような流れを後押ししました。この再発盤は、日本国内のＨＭＶにおいて、年間売上八位に入るほどの売り上げを記録しています（ちなみに一応八六年にも再発されていましたが、全曲にリミックスがかかっていて、オリジナルとは大きく違う仕上がりのものでした）。

さらに九〇年代には、ＥＣＤ、ＭＵＲＯ、クボタタケシ、スチャダラパーといった博覧強記なＤＪによる和モノの開拓がなされていきました。和モノとはクラブで使える日本語楽曲、日本語のレコードのことです。ディスコやクラブはやっぱり輸入文化なものですから、圧倒的に洋楽優位の世界でした。洋楽に詳しいこと、珍しい海外のクラブ・ミュージックを知っていることがステータスだったわけですが、そのなかで日本語の楽曲を、あえて「レアなネタ」として使っていくという、発想の転換を成し遂げた人びとが現れるわけです。それはいま想像されるような、グルーヴのある音楽だけじゃなくて、歌謡曲やコミック・ソングまでほんとにいろんなものが発掘されたりするわけなんですけど、そういう流れが九〇年代に生まれてくるんですね。

二〇〇〇年代に入ると、トラックメイカーのクニモンド瀧口さんが主宰するユニットの流線形が『シティミュージック』（二〇〇三）というアルバムでデビューしたり、「ＸＴＡＬ」名義でいまでも活発に音楽活動を続けているDJ CRYSTALさんが作った和モノのミックステープが評

サニーデイ・サービス『若者たち』(1995)

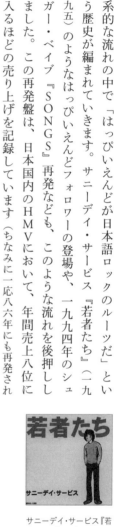

判を集めたりと、現在のシティ・ポップ・リバイバルに直接つながるアーティストが現れてきます。たとえばBOO feat. MURO〈SMILE IN YOUR FACE〉（二〇〇三）というのは、そういう流れのなかから出てきた実例のひとつですね。

ここまでの流れを整理しましょう。本来異なる言葉として登場し、忘れ去られていた「シティ・ミュージック」と「シティ・ポップ（ス）」という二つの概念は、二〇〇〇年代に入ると「シティ・ポップ」という一つの言葉へと統合され、新しく生まれ変わりました。そして、九〇年代以降に再評価が高まっていたはっぴいえんどは、日本語ロックのパイオニアとしてだけでなく、シティ・ポップのルーツという座にも据えられることとなりました。単なる商業的なラベルに過ぎなかったかつてと違い、生まれ変わった「シティ・ポップ」というジャンル名には、ポップさと革新性を併せ持った、芸術的誠実性（artistic integrity）の響きがありました。そして、当時のヒットチャートに辟易していた若いミュージシャンやリスナーを次第に惹きつけていったのです。

さて、そういう流れで二〇〇〇年代以降にシティ・ポップというものが新しいタームとして再浮上してくるわけなんですけども、転機だったのは三・一一の東日本大震災でした。甚大な被害を受けた被災地はもちろんのこと、首都である東京も一時的に機能が麻痺してしまいます。計画停電によって真っ暗になった東京は、日本という国の中心性が喪失したシンボルでした。このような状況の中で、都心のビル群に目を向けるのではなく、自分たちが暮らす街を「シティ」として捉え直そうとする動きが生まれてきます。その中でも象徴的だったアーティストが、トーフビーツ（tofubeats）とセロ（cero）でした。

三・一一の後、彼らは作品の中に、自分たちの街の物語を描いていきます。トーフビーツさんはマルチネ・レコーズという、ネットレーベルの中から頭角を表したトラックメイカーなのですが、東京ではなくて神戸の、それも神戸港ではなくて山側にあるニュータウンに長らく拠点を置いていて、それを作品のコンセプトにも用いていました。デビューした時の名義は「dj newtown」でしたからね。あるいはセロも、ちょっと都心からは距離がある中央線沿線から都心を眺める、そこの相対性のなかで自分たちを捉えるというような試みを行っていきます。セロは鈴木慶一や細野晴臣とも共演し、彼らが所属するカクバリズムというレーベルも、ミュージシャンを育む場として重要な役割を果たすようになります。新世代のアーティストによって作り出された二〇一〇年代のシティ・ポップは、東京都心ど真ん中のビル群でも、海の向こうのリゾートでもなく、郊外の街明かりの中から生まれてきたのです。

左 tofubeats『lost decade』(2013)／右 cero『WORLD RECORD』(2011)

海外ファンにとってのシティ・ポップ

ここまで紹介してきたとおり、シティ・ポップの再評価は①はっぴいえんど再評価を軸とするロック寄りの流れと、②和モノＤＪの実践によるクラブ寄りの流れという、二つの線によって形作られてきました。そして二〇一〇年代半ばには、③として、海外からの新発見という流れが加わります。再発見ではありません、新発見です。だって八〇年代に「シティ・ポップ」を聴いていた海外のリスナーなんてほとんどいませんからね。そもそも日本のポピュラー音楽のほとんどが国外では流通していませんでした。東アジアでは一部の正規盤や海賊盤が販売されていたりと例外もありますが、インターネットが普及する以前の時代には、日本国内で発売された邦楽作品の大半が海外で流通していなかったと考えておいて問題ありません。

この「シティ・ポップ新発見」の文脈で、しばしば語られるのがヴェイパーウェイヴやフューチャー・ファンクの流れです。ヴェイパーウェイヴや、そこから派生したフューチャー・ファンクからシティ・ポップを知る人というのが出てきたり、アルゴリズムの誤動作のなかで〈プラスティック・ラヴ〉がヘビーローテーションされたりという現象が起きています。ただし、海外の日本ポピュラー音楽ファンという存在も二〇一〇年代にゼロから生まれたわけではなくて、二〇〇〇年代から脈々と存在していました。このような海外の日本音楽ファンのコミュニティはインターネットを基盤に形成されてきたのですが、なにぶん音源が流通していないので、mp3ファイルの交換などによって（違法だけれども）楽曲を入手していました。このような独特の経緯を経て、海外の日本音楽ファン、Ｊ-ＰＯＰファンが形成されてきたということですね。海外のシティ・ポップ・ファンでも初期の世代は、そのようなインターネットコミュニティ経由で楽曲に触れた人が多いでしょう。

冒頭で述べた通り、モーリッツ・ソメさんと自分は海外のシティ・ポップ・ファンコミュニティに対する調査を二〇二〇年の一二月に行っています。その結果、海外の非常に熱心なシティ・ポップ・ファンの動向を摑むことができました。こうしたファンたちは、ちゃんと日本語を勉強していたり、そのアーティストについて本当に詳しく調べていたり、日本の文献やレアな音源を収集したりしています。いくつかデータを抜き出してみると、回答者はだいたいが若い男性です。二四歳までが約五〇%、男性が七三%を占めています。コミュニティはインターネットベースで、ネットミームが大好きという感じですね。若いというのは当然で、八〇年代リアルタイムのファンがほぼ存在しないからです。日本と距離が近く、広東《カント》ポップなどを通して交流が行われていた香港では例外的に同時代のリスナーがいらっしゃいましたが、それ以外の英語圏のファンは一九八〇年代当時、音源に触れる機会がなかったわけですからね。

居住地域を見てみると、英語圏である北米はもちろん多いけど、アジア、インドネシア、フィリピン、あるいはヨーロッパ、そして中南米のメキシコとかなり幅広く聴いている人がいることがわかります。また、シティ・ポップ以外にもJ-POP、アニソンがすごく好き、あるいは日本に興味があるから伝統音楽や民謡や雅楽も好き、という回答がありました。シティ・ポップのほかにヴェイパーウェイヴやフューチャー・ファンクも好きだし、シティ・ポップに類似する七〇年代、八〇年代の洋楽、ファンクとかソウルとかディスコも好きというのが見て取れます。コアなファンであればあるほど、どのような入り口で聴き始めたとしても「本物のシティ・ポップ」を求めて、オリジナルの音源をちゃんと聴いています。より深い知識を求めたり、レアな作品を追い求めたり、自分でもシティ・ポップ的な音楽を作成してみたりといった、卓越化や上昇への志向もみてとれます。

聴かれているのはほとんどが八〇年代のアーティストで、大瀧詠一や南佳孝のようなオリジネイターや、二〇一〇年代以降に現れた「ネオ・シティ・ポップ」の楽曲はほとんど聴かれていません。流線形の名前がかろうじて挙がるくらいで、セロやサチモスも聴かれていない。個人的な感想ですが、これはリスナーとアーティスト双方にとってもったいないことだと思います。

興味深いのは、そういう人たちに「シティ・ポップは国際的ですか、日本的ですか」という質問をしてみると「どちらかというと日本っぽいジャンルである」というような回答が多かった点です（**表1**）。そして**表2**は「シティ・ポップを聴いてどういう言葉を思い浮かべますか」っていう質問なんですけど、その回答では郷愁（nostalgia）がもっとも多くて、Japanも大きいですが、retro、summer、relaxing、happiness、upbeat、aesthetic、

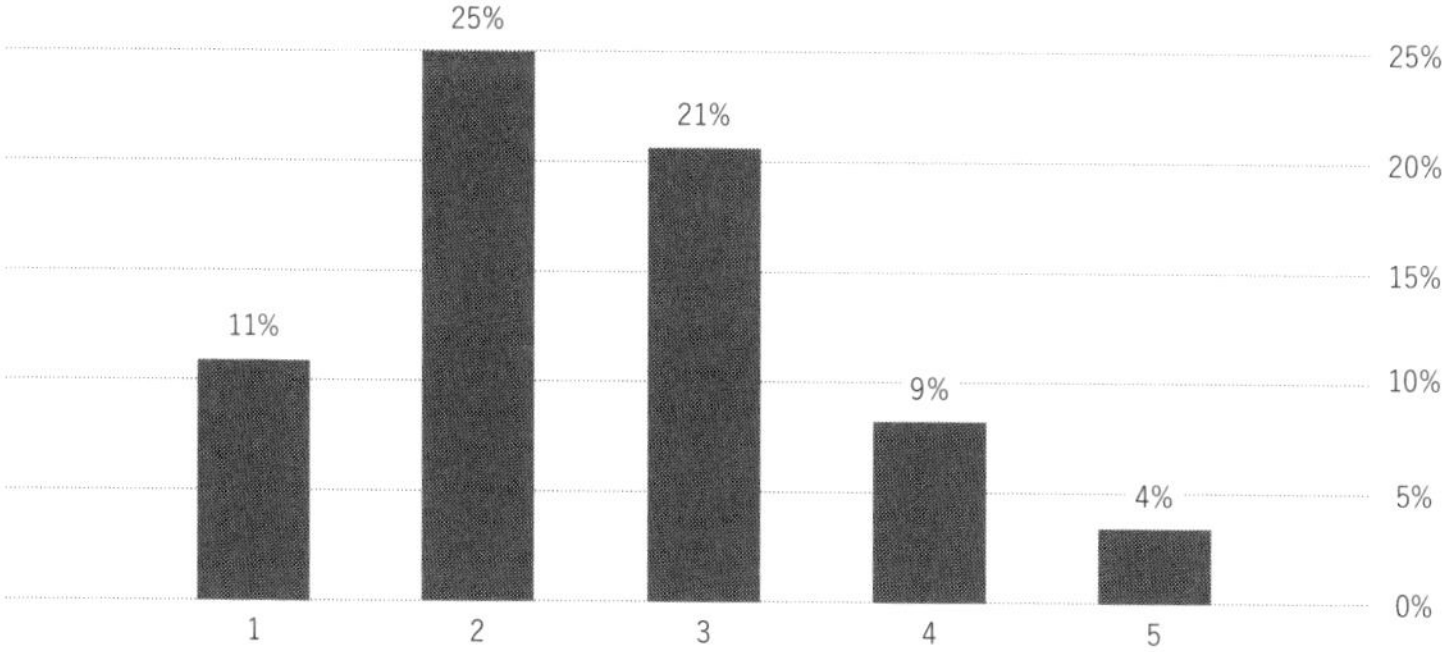

表1 シティ・ポップは「日本的」なジャンルか、それとも「国際的」なジャンルか（5段階評価、1＝日本的、5＝国際的）

順位	連想する語	出現頻度
1	nostalgia（ノスタルジア／郷愁）	11.3%
2	funky（ファンキー）	7.5%
3	Japan（日本）	3.7%
4	summer（夏）	3.5%
4	relaxing（リラックス）	3.5%
5	80's（80年代）	3.0%
6	fun（楽しい）	2.5%
7	groovy（グルーヴィ）	2.2%
8	happiness（幸福）	2.1%
9	chill（チル／落ち着く）	1.9%
10	night（夜）	1.79%
11	retro（レトロ）	1.68%
12	upbeat（アップビート／陽気な）	1.57%
13	aesthetic（美学的）	1.6%
14	jazzy（ジャジー）	1.2%
15	love（愛）	1.1%
15	smooth（スムース／洗練された）	1.1%
15	urban（アーバン／都会的）	1.1%
15	city（都市）	1.1%
16	driving（ドライブ）	1.0%

表2 シティ・ポップから連想する言葉

catchy、jazzy、night、love、urban、chill、そういった言葉が上位に出てくる。こういうコメントの傾向っていうのは、たとえばYouTubeのコメント欄などに見られる、「夜の首都高速を車で走ってるような気分だよ」みたいな、英語ではマイクロフィクションと呼ばれる短い創作文にも反映されています。回答者のなかには「シティ・ポップは自分がまだ生まれていない、けれども生きてみたかった時代のことを想起させてくれます。とてもノスタルジックな気持ちになりますよ。私は日本語を話さないけど、感情が伝わってくるんです。心の底から魂に響くんですよ」というような回答がありました。このような自分の感情を「造られたノスタルジア（aritificial nostalgia）」や「フェイク（fake）」と呼称しているような回答までありました。

つまり「私は日本に行ったこともないし、九〇年代以降に生まれているから日本の八〇年代は二重に遠いんだけれども、だからこそ聴いている。だからこそ不思議と懐かしい、この日本的なサウンドに没頭できる」というような心情があるわけです。日本において、シティ・ポップが海外への憧れをベースに成立してきたことを踏まえると、これは実に奇妙な巡り合わせですね。だから必然的に、そこに描かれる都市のイメージもまた、これまで日本国内で理解されてきたものとは異なる。ジブリの『耳をすませば』（一九九五）のようなノスタルジックな日本イメージや、あるいは逆に『ブレードランナー』（一九八二）や『GHOST IN THE SHELL／攻殻機動隊』（一九九五）のような、サイバーパンク的アジアのヴィジョンに彩られています。

バイラルとしてのシティ・ポップ

松原みきや大貫妙子、泰葉などの「バズ」にはTikTokが大きな役割を果たしています。TikTokの影響力はフューチャー・ファンクとは比べ物にならないくらい大きいわけですね。フューチャー・ファンクはどちらかといえばコアな音楽マニアが聴いているものですけど、TikTokはすごく広い層に薄く届く。〈真夜中のドア〉の場合、リリース元のポニーキャニオンが、ストリーミング上におけるこの曲の海外再生比率の高さに気づき、Tiktok用の音源を公式にリリースするという決断をして、それが当たりました。

ほかの例にはエンゲルウッド（Engelwood）という、アメリカのＤＪがつくった〈Crystal Dophin〉（二〇一七）という曲があります。これは濱田金吾のアルバム『Midnight Cruisin'』（一九八二）の一曲〈街のドルフィン〉という曲をほとんどそのまんま使っているんですが、これがTikTokでバズって三五〇〇万以上のクリップが生まれました。その人気を受け、インドネシアで活動するデザイナーのアルディラ・プトラ（Ardhira Ptra）制作のミュージックビデオを二〇二一年に公開しています。つまり四年くらい経ってからやっとそういうものができたわけですね（ちなみにこのデザイナーさんはその後、日本のシティ・ポップ・バンド、イブニング・シネマのアルバム『Golden Circle』（二〇二二）のアートワークをつくっています）。キッチュな色使いの中に散りばめられた日本要素がとても面白いですね。

この〈Crystal Dophin〉ですが、実は最初からプッシュされていた楽曲ではなく、アルバムのなかの小品、一分四〇秒ほどのすごく短い曲という位置づけでした。しかしその中で濱田金吾のネタをモロ使いしたら流行ってしまいました。そこで後追いで日本要素全開のミュージックビデオをつくったのではないかなと想像しています。

過去の遺産をどう用いるか

都市の話に戻って終わる前に、シティ・ポップ・リバイバルがもたらした商業的側面についてもちょっと触れておきたいと思うのですが、柴那典先生がおっしゃっていた「不動産」という例示には「なるほどなぁ」と思いました。過去の邦楽アーカイヴを活用することによって継続的な収入が見込めるというのは新たな発見だと思います。これまで日本のポピュラー音楽は、海外向けに輸出できるとはあまり想定されてこなかったわけですが、思わぬかたちで「可能」であることが分かったということです。

日本というのはとにかくCDがずっと売れてきた国です。CDは一曲あたりの単価が高い、とても収益性に優れた商品です。たとえば三〇〇〇円のCDで一〇曲入だったりすると、一曲あたりでは三〇〇円の価値があるわけですが、それをサブスクでやろうと思うと、とても再生回数を稼がないといけない。一回再生されても〇・六円ほどといわれていますので、単純計算では五〇〇回再生されてようやく一曲あたりの収益がCDと等しくなります。いままでの人生で、五〇〇回も聴き返すような楽曲が一体いくつあるでしょう？

サブスクの利益拡大とはすなわち規模の拡大です。ひとりの人間が同時に二曲も三曲も音楽を聴くことはできないわけですから、いかに多くの耳を獲得するかという競争にならざるを得ない（もちろん登録料を値上げするという手もありますが、ユーザー離れなどの可能性があってリスキーです）。そうなると、英語圏の曲は有利だし、相対的に日本のように日本語曲を内需で回してきたところは不利なわけですが、そうは言っても世界の音楽ビジネスにおいてCDは過去のものとなっているので、いいかげん転換しなければいけない。サブスクだけですぐに食っていくことは不可能だと思うんですが、収益源を多様化するヒントになり得るのではないかとは思います。

ただし、ときどき見かけるシティ・ポップがK-POPと並んだとか、シティ・ポップVS.K-POPとか、そういう図式はまったく成立しません。売上規模が天と地ほど違いますし、新曲とコンサートが中心のK-POPと違い、シティ・ポップは今のところ過去のアーカイヴを収益基盤としています。たとえば、〈真夜中のドア〉の松原みきさんは亡くなられてから二〇年近く経っているので、今からコンサートを開くことはできません。杏里さんの楽曲はいま海外、特に北米で人気が出ていますが、ここからアメリカのライブ・エンターテイメント市場にどう切り込んでいくのかは未知数です（この講義の後、杏里は二〇二三年六月にハリウッドのフォンダ・シアターでLA公演を行い、見事成功を収めています）。

海外リスナーがなにを求めて聴いているかということを、日本側の視点だけから解釈しようとするとおそらく間違えることになります。なので仮に今後、海外向けに日本の楽曲をパッケージングして売っていくというのであれば、海外の視点はどこにあるのかを踏まえたうえでのマーケティングが必要になってくる。それから最後に、とにかく次の世代を育てないとしょうがないので、アーカイヴの再活用によって得られた収益を将来世代にどれだけ投資できるか、というところが、将来の日本の音楽産業を考えるうえでは重要になってくるんじゃないかと思います。

リバイバルは何をもたらしたのか

最後に都市の話に戻りましょう。現在用いられている「シティ・ポップ」のルーツには確かに「東京」という都市が大きく関わっているけれど、決してそれだけに限定されるわけではない。むしろ、さまざまなアーティストやリスナーが、「シティ」という言葉を触媒に、自分たちの想像力を膨らませていく中で成長してきたジャンルである、ということが分かったかと思います。

シティ・ポップが「東京の音楽じゃない」と言いたいわけではありません。東京という都市のエネルギーなしにシティ・ポップという音楽が生まれなかったことは間違いないでしょう。ただし、「東京」を特権化しすぎることは、東京と地方都市間の文化的・経済的不均衡を無視することにつながってしまいます。シティ・ポップ・ミュージシャンの中にも地方出身者はたくさんいますからね。彼／彼女らは勉学や仕事の関係でのちのち東京に出てくるわけですが、その作品を「東京」という言葉で塗り潰してしまうことは、彼／彼女らを育んだ地方都市の文化的土壌を無視してしまうことにつながりかねない。ですから、「そうではない要素」にも積極的に目を向けることが重要かと思います。一九八〇年代と二〇二〇年代、あるいは海外の人にとっての「シティ・ポップ」イメージがどれも異なるものであり、どれひとつとして間違いではないということも理解していただけたでしょうか。

シティ・ポップ（シティ・ミュージック）は、四〇年以上の時間を経て、ついに海外のリスナーを獲得することになりました。それは洋楽に憧れ、そのギャップを埋めようと奮闘し続けたアーティストや作曲家たちにとっては紛れもなく「幸せな結末」でしょうし、日本語ロックという取り組みにおいて、あるいは日本のポピュラー音楽史を通して見ても、画期的な成果を得たと言えるでしょう。だからこそ、この辺りでいまいちど、多角的な視点からシティ・ポップを捉え直していくことが肝心なのだろうと思います。「過去の音楽こそ最高で理想、それに比べて今の音楽は駄目！」だなんて、過ぎ去ったユートピアばかりを夢見ていてもつまらないですから、未来に向けてどういう面白いものを創り出していけるのかを考えていかなければなりません。シティ・ポップは本当にクオリティの高い、聴いているだけで気持ちが晴れてくる素晴らしい音楽だと思います。だからこそ、このような価値ある音楽遺産をいかに聴き、楽しみ、学び、受け継いでいくべきか、本日の講義がひとつのヒントになってくれたなら嬉しいです。

第3講

シティ以前の東京から

移動と切断から考える都市文化

宮沢章夫（みやざわ・あきお）

1956年静岡県生まれ。劇作家・演出家・作家・早稲田大学文学学術院教授。1990年、演劇ユニット「遊園地再生事業団」を結成し、1993年戯曲『ヒネミ』（白水社）で岸田國士戯曲賞を受賞、2010年『時間のかかる読書』（河出文庫）で伊藤整文学賞（評論部門）を受賞。2022年9月死去。

前近代の演劇

僕は何事も演劇を通じて考えることがしばしばあります。なんであの時代にあんな演劇が生まれたのかということですね。演劇的な考え方には近代《モダン》と近代《モダン》への対抗《カウンター》、それから前近代というものがあります。これを音楽に当てはめて考えてみると、この**図1**のようになるでしょうか。左からピーター・ポール&マリー、真ん中が岡林信康さんと全日本フォークジャンボリー。一番右の前近代というところにいくと、三橋美智也さん。

大瀧詠一さんが日本のポップスをひもといていく分析していく話のなかで、日本におけるフォーク、民俗音楽とは三橋美智也であると言っています。

遠藤実という作曲家がこの話のポイントです。この人の音楽を遡ると、いろんなタイプの音楽を手掛けていることがわかるんですね。遠藤実さんというのは演歌の作曲家として有名だと思うんですけど、演歌だけじゃないんです。

たとえば遠藤実さんが作曲した〈北国の春〉（一九七七、作詞・いではく）という曲は、フォークソングに対するある種の抗いですね。そうして出てきた曲であろうと大瀧詠一さんはおっしゃっていました。なぜかというとその前に吉田拓郎さんの〈襟裳岬〉（一九七四、作詞・岡本おさ

近代《モダン》　　近代《モダン》への対抗《カウンター》　　前近代

図1　近代／近代への対抗／前近代。左からピーター・ポール＆マリー『In the wind』(1962)、『'71 全日本フォークジャンボリー』(1996)、岡林信康『見る前に跳べ』(1970)、三橋美智也『達者でナ』(1960)

み）があったからです（余談ですが遠藤実さんはこの吉田拓郎版よりも前に同名の曲〈襟裳岬〉（一九六一）を書いています）。吉田拓郎版の〈襟裳岬〉の問題は、「襟裳の春は何もない春です」という詞です。北国の春はなにもないのか、そんなことはないはずだ。だから〈北国の春〉という曲をそれに対してどう考えても抗うっていうことが遠藤実がしたことではないかと思うわけですね。

そして作詞・横井弘、作曲・中野忠晴の三橋美智也の〈達者でナ〉（一九六〇）。「達者でナ」を英語にすると、いろいろな訳し方があるかもしれないけど、「Be Fine!（達者でな！）」って言えばいいじゃないですか。するとそれに返すとすれば、「I'm Fine!（元気です）」ですよ。で、〈達者でナ〉から一二年後に『元気です』（一九七二）というアルバムを吉田拓郎が出して、それが大ヒットした、と。つながってるんですね。時代の区分はこのように分けられるかもしれないけれど、物事というのは点ではなくて線としてつながっている、ということです。

近代のカウンターは後でふれるとして、ここでまず前近代をあらためて考えてみましょう。演劇では『特権的肉体論』という本を一九六八年に唐十郎《からじゅうろう》という人が書いています。この本は中原中也のことをずっと書いていて、彼を絶賛しているんですけど、途中で「ここで中原中也の話はやめる！」っていきなり宣言するんですね。それで七行目を読むと、「そして中原中也は……」ってまた出てきちゃった。忘れちゃったんでしょうね。やめるって言ったことを。

そのなかにこの言葉があったんです。「痛みとは肉体のことである」。みなさんはどうですか？

歯医者で治療を受ける。そのときに、「先生、いま痛いです」と言ったときに、歯科医がですね、「痛みとは肉体のことである」って言ったらどうでしょう。ちょっと釈然としないじゃないですか？　それはなぜならば、西洋医学の考えが身についているからです。

僕は鍼治療ってのによく行ってるんですけど、鍼治療ってめちゃくちゃ痛いんです。その鍼治療の先生に、「先生痛いです」といったときに「痛みとは肉体のことである」って言うと、「ああそうか……」って納得するところがあるじゃないですか。これは東洋医学、前近代的なものですからね。だから「痛みとは肉体のことである」が納得いくというね。西洋医学というのは近代ですからね、それ以前というものがあるわけです。

そんな唐十郎さんは紅《あか》テント、状況劇場というものを率いています。当時を記録した映像にインタビューがあるので少し引用してみましょう。

ナレーション　テントを張る場所として目をつけたのは、若者文化の中心になっていた新宿の繁華街。なかでも、猥雑な雰囲気が漂う歌舞伎町。その裏手にある花園神社だった。

唐十郎　ここは猥雑で活気に満ちた町。やはり芝居っていうのは目抜き通りに立たなくちゃいけないから、それはやっぱり新宿だと思ったんですよね。

ナレーション　そして、一九六七年、記念すべき紅テントが誕生する。第一作のポスターを手掛けたのは、いまや世界的な美術家、横尾忠則。歌あり、笑いありのシュールな舞台。あやしげな世界でうごめく奇妙な登場人物は、整然と管理されていく社会からはみだした自分たちの分身だった。テントが舞台と客席を一体にしてしまうことをひりひりと感じさせた。

麿赤兒　みんなが一つ間違うと「引っ込め！」というような客とか、ほとんど戦いのような気分ですから「なんだこの野郎！」とか、両方がなんかこう、わーっと高まっていくような、非常にしびれてましたね。スリリングというか。やってはじめて「これだ！」というか、これで演劇界に一発なにかを投じたんじゃないかっていう実感はありましたよね。

ナレーション　これまでにない舞台の劇評は、新聞で大きく扱われた。芝居を見た女子大生の感想。「わたしたちの心の奥のどこかで、社会からはみだしているこのひとたちの姿に共感しているのかもしれません」。そこには、経済的な豊かさ一辺倒になっていく世の中への反骨心がこめられていた。

（NHK BSプレミアム「アナザーストーリーズ 運命の分岐点　越境する紅テント～唐十郎の大冒険～」二〇二一年二月一六日放送）

いま登場した麿赤兒《まろあかじ》さんというのは暗黒舞踏をやっている方です。少し脱線しますが、ダンスの世界ではその前に土方巽《ひじかたたつみ》という人がいました。土方巽はモダン・ダンスをやっていて、これは、たとえばジャンプをしてみると、しかしどうもこの体が、私の身体が西洋のジャンプするようなダンスにあわない。考えてみたら私たちは、自分のふるさとの田んぼで田植えをしているときに腰をぐっとおろすわけですね。この重心を下にしたおどりというのが私たち日本人にあってるんじゃないか。ここから舞踏というものが始まります。これは世界的に「BUTOH」と呼ばれているものです。

そんななか、アングラというものが近代を越えていこうという、近代劇というものがあったわけですね。チェーホフやそういった劇みたいなものをやるのが演劇だったはずなんだけど、そうじゃないんじゃないか、もっと違うものがあるんじゃないかということで、寺山修司、唐十郎、鈴木忠志、太田省吾、黒テントの佐藤信《まこと》、こういった人たちが六〇年代に、既存の演劇からはみだしていたんですね。[*1] その時代の人たちに話を聞くと、自分たちは新聞の文化欄で取り上げられなかった、と言っています。新聞のどこに取り上げられたかというと、だいたい社会面だったと。なにか事件を起こして、警察につかまるということがあったそうです。唐十郎さんで有名なのは新宿中央公園で上演することに対して許可がでなかった。でもやるといって、お客さんがばーっと来てるんですよ。でもテントが立ってない。警官がいっぱいいるわけです。そのとき、一台のリヤカーがどっからともなくやってきて、警官とおいかけっこした。だーっと逃げて、警官がそちらに気を取られているすきにテントを建てちゃった。それがある種の反近代。カウンターですね。

「反近代」としての演歌

近代へのカウンターが音楽と結びつくのは別役実と鈴木忠志という、日本を代表する演出家と劇作家です。彼らは六〇年代に早稲田小劇場という劇団にふたりとも所属していたんですね。ふたりとも早稲田大学の学生で、学生演劇から出発したんです。ところがそのあと早稲田小劇場を別役さんはやめて、さまざまなところに戯曲を書くようになった。日本で一番戯曲を書いていると思いますね。

「スパイものがたり」という作品があります。これはちょっとしたミュージカルで、音楽を提供したのが小室等さんです。作詞・別役実、作曲・小室等〈雨が空から降れば〉（一九六六）というフォークソングですね。一九六六年にピーター・ポール＆マリー（PPM）が日本にやってきて、それに影響をうけていた小室さんはPPMフォロワーズというフォークソングのバンド

＊1　唐十郎の演劇の最大の特徴は、やはり「かぶく（傾く）」ということでしょうね。歌舞伎を現代演劇としてどのように表現できるのか。なぜ、そんなことをするのかというと、近代演劇を乗り越える方法としての前近代的な芸能を導入しようという取り組みです。唐十郎だけでなく、ほかのアングラ演劇全般も、そうした自分たちの前の世代への批評的な視点は必ず持っていたと思います。
（宮沢章夫『NHK　ニッポン戦後サブカルチャー史』（NHK出版、二〇一四）「第二章　六〇年代の表現者たち」より）

をつくってるんですね。六〇年代はそうして外国から入ってくるものに対して、いまだってそうですけど、刺激を受けてそれをどうやったら日本語をのっけられるのかということを考えていた時代でもありました。

それから、鈴木忠志さんについて。別役実さんには「マッチ売りの少女」っていう本当にいい戯曲がありまして、それを一九七〇年に最初に演出したのが鈴木忠志さんです。その後ふたりは別れてしまうのですが、そのあとに、鈴木さんはやることがどんどん変わっていきます。そんななかでできた、『劇的なるものをめぐって——鈴木忠志とその世界』（工作舎、一九七七）という本があるんです。これは作品名でもあるんですね。

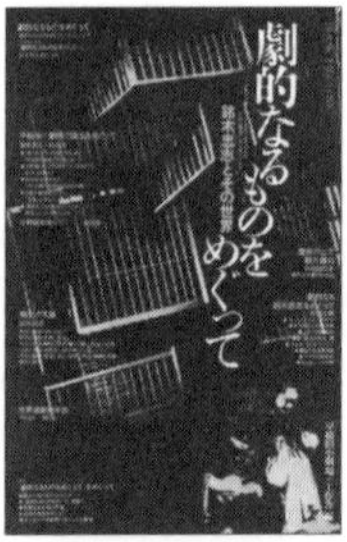

左『劇的なるものをめぐって—鈴木忠志とその世界』（工作舎、1977）／右「劇的なるものをめぐってII 白石加代子ショウ」チラシ

この「劇的なるものをめぐってII　白石加代子ショウ」ではどんな音楽が流れていたのでしょう。それが、都はるみさんの〈さらばでござんす〉（一九六九）なんです。「さらばでござんす」ですよ。さっきは〈雨が空から降れば〉。「雨が空から降れば」という日本語も当たり前のことを言ってて、どうなんだろうなと思うかもしれませんけど、「さらばでござんす」もすごいでしょ。演歌を使うんですよ。

なぜ鈴木忠志はここで演歌を持ってきたかというと、近代的なものに抗う態度がここに出ているんじゃないかなと思います。一九六五年の共時性がおそらくあるんですね。ピーター・ポール&マリー、彼らの音楽は六〇年代の前半に日本にやってきて、日本に影響を与えて、小室等さんがＰＰＭフォロワーズをつくりました。じゃあ「劇的なるものをめぐって」で使われたような演歌はいつできたか。このあたりのことは輪島裕介さんの『創られた日本の心神話――「演歌」をめぐる戦後大衆音楽史』（光文社、二〇一〇）にも書かれていますが、実は演歌は一九六五年に誕生しています。

演歌はものすごく古くからあると思うじゃないですか。たとえば大正時代に「演歌師」という人たちがいました。ここでの「演歌」は「演説歌」の略で、当時は街頭で演説をすると警察に捕まっちゃうから歌にすればいいんじゃないかということで生まれたものです。それを略して演歌。じゃあそれが「日本の心」と呼ばれるような現在の演歌と連なるものなのかと思うかもしれませんけど、一九六五年から一九六九年、ふたつの誕生の経路みたいなものとして、たとえば演歌っていうのは音楽産業として「これは売れるんだ」ということがわかるんですね。

その一九六五年になにがあったかというと、おそらく〈柔《やわら》〉って曲の大ヒットだと思うんです。一九六四年に東京オリンピックがあって、美空ひばりさんはその年の一一月に発売された〈柔〉で急に変わるわけですね。

それからもうひとつ、ここには藤圭子っていう人があらわれる。たとえば一九六九年の〈新宿の女〉はそういった「日本の心」と呼ばれるような曲です。で、これが、カウンター・カルチャーとしてある種受け止められたんですね。

図2を見てください。演歌がどこからやってきたというのをまとめました。説教節、浄瑠璃、それが浪曲になる。それから冒頭で触れた三橋美智也さんはもともとが民謡の歌手でしたから、民謡調歌謡もある。浪曲調歌謡に、明治大正期の演説歌、それから春歌というものも演歌の以前にはあったでしょう。音楽産業としては、流しの世界、カウンター・カルチャーとして艶歌（つやの歌）そして怨歌（うらみの歌）——ブルースといってもよいものがありました。それは演歌がどのように受け止められたか。もちろん「演歌なんて」というのは僕なんかの世代もそうですし、いまもそうだと思うんですけど、当時は熱烈に受け入れられたわけです。それはつまり、演歌には反近代主義、モダンというものを否定するものがあったんじゃないかなと思います。

演劇ではそれまであった近代的な演劇、新劇、たとえば文学座とか俳優座とか民芸とかいった

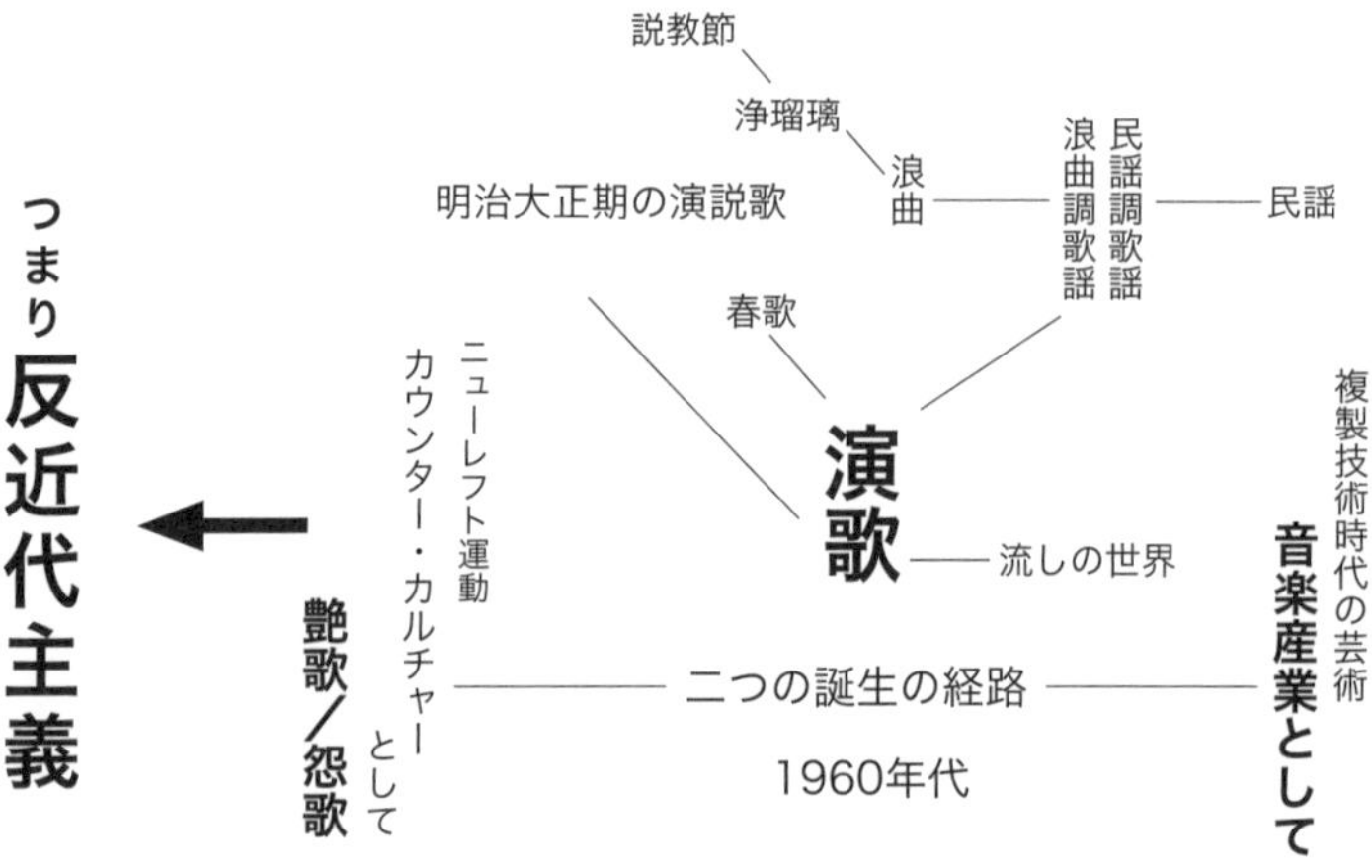

図2　演歌の成立

ところの演劇が否定されます。しかも、俳優という職業は、新劇の劇団に所属していなければ俳優じゃなかったという時代があったんです。とくに舞台ではですね。映画は映画会社に就職する。そこにスカウトされてどこどこ所属。東宝所属、日活所属というのがあったわけですけども、演劇の場合は新劇をやってなければ、俳優座か文学座か民芸か、そういうところにいないとだめだった。

菅孝行の『戦後演劇——新劇は乗り越えられたか』（社会評論社、二〇〇三）を読んでて笑ったのがですね、六〇年代の演劇はなんだったかというと、産業構造が変わったと書いてあったことです。その頃、アルバイトっていう就労形態がうまれた。それまで新劇っていうのは正社員、つまり正規社員です。アルバイトっていうのは非正規社員じゃないですか。だから、非正規社員の身体というものがあるわけです。二〇〇〇年代になるとまた別の非正規社員、フリーターという身体、チェルフィッチュという劇団の「三月の五日間」（二〇〇四）という作品に代表されるような特別な身体の動かし方がありますが、六〇年代にはいまとは別の非正規労働者の身体があったはずだと思うわけですね。

フォークソングという文脈で考えると、当時は新宿西口ゲリラや関西フォークという文化圏がありました。これはどちらかというと新宿西口がモダン。この頃は学生運動も激しく活動があったのではないかと思うんです。そういった匂いを新宿西口フォークゲリラには感じる。一方で、関西フォークでは岡林信康さんや高田渡さん、西岡たかしさん。岡林信康さんの〈今日をこえて〉（一九六九）という曲のバックで演奏しているのがはっぴいえんどですね。

日本の音楽を語る上で「はっぴいえんど史観」というのものがあります。はっぴいえんどが日本におけるロックの祖であると。しかし、そうではないんだろうという見方もありますよね。たとえば当時で言えば加藤和彦さんのサディスティック・ミカ・バンド、内田裕也さんが関係していたフラワー・トラベリン・バンド。もっと言うと、はっぴいえんど以前の六〇年代はグループサウンズ（GS）が流行ってました。これはいまで言うアイドルです。ところが、彼らにはアイドルとしての姿と、そうではない部分もあった。自分たちが好きにできるときは外国のロックのコピーをやってみたりということをしていた時代があるんですね。GSについては荒井由実さんなんかは影響を受けて、おっかけていたっていう話を残してます。

いっぽうで、関西フォークの文化圏もあります。「ほんやら洞」という甲斐扶佐義さんという方が切り盛りしていた京都の喫茶店がその代表ですね。岡林信康さんも加わっていたり、片桐ユズルさんとか中山容さんといったボブ・ディランの訳詞で有名なお二人もいたり。当時のことが『ほんやら洞の詩人たち——自前の文化をもとめて』（晶文社、一九七九）という本にまとまっています。

移動するユースカルチャー、東京のなかのアメリカ

花園神社にテントを建てていたような新宿のユースカルチャーの文化は明治通りを南へ南へと進んでいきます。それが原宿になり、渋谷になっていく。これが六〇年代から九〇年代にか

けての文化の流れだと僕は考えてるんですね。明治通りを動いたんです。

近代化していく東京のなかで、その近代的な合理からはみだした人たちがアンダーグラウンド演劇をやったんです。六〇年代は新宿にそういった不合理なものが集まっていた。ジャズ喫茶の話なんかもそうですね。古いジャズ喫茶の地図を見ると新宿に多くの店がありましたし、あるいは中上健次の初期の小説を読むと、歌舞伎町でジャズ喫茶に入ってるんですよ。いまの視点では歌舞伎町のなかに若者相手の喫茶店があるってこと自体が不思議でならなかったんですけど、そういった街だったわけです。

たとえば一九六八年の一〇月二一日に新宿騒乱事件が起こる。それが国際反戦デーだったんですけど新宿東口にベトナム戦争に反対する学生と、そこにたまたま居合わせた会社員や野次馬たち、東口に二万人以上の人が集まっちゃった。それで、そのまま新宿駅に入っていってですね。電車に火をつけちゃった。というのが新宿だったわけです。

中村のん『70' HARAJUKU』(小学館、2015)

それから、新宿にはアートシアター新宿文化っていう映画館もありました（一九七四年閉館）。後で詳しく触れますが、そのアートシアター新宿文化で上演されていたのが櫻社という劇団で、これは演出家が蜷川幸雄さん、作家が清水邦夫さん、出てたのが蟹江敬三さんでした。

中村のんさんの『70'HARAJUKU』（小学館、二〇一五）という七〇年代の原宿の写真集に明治通りと表参道、いまの原宿ラフォーレがあるあたりの写真が載っているんですが、これを見ると七〇年代にはまだラフォーレは建っていなくて、教会だったことがわかります。

それから、キディランドが原宿にあるのも、ひとつ面白いところですね。いまの代々木公園に、かつて戦争前は陸軍練兵場があったんですね。それをアメリカが入ってきて接収し、ワシントンハイツとなるわけです。ここには将校のようなクラスの高い人たちが家族と一緒にきました。すると原宿は、アメリカ兵の家族のためにキディランドができたり、青山通りに紀伊国屋というスーパーがありますね、ちょっと高級なスーパー。あれがなぜできたかといえば、その人達が買い物をする場所としてできたんです。原宿は東京のなかのもうひとつのアメリカだったわけです。

アメリカは東京のなかに実は二つも三つもあるんですけど、都心のど真ん中でいうと、六本木です。いまはミッドタウンになっていますが、それができる前は防衛庁で、防衛庁は陸軍があったところを接収してできました。クラスが高いというわけじゃないですが、そういう人たちを相手にしたバーとかができてくるとなると、いまの六本木らしさができてきますよね。僕くらいの世代だと六本木は猥雑な街、どこか卑猥な感じというか、そういったものを漂わせたエロティックな街であるというふうに感じます。いまはもう六本木ヒルズができてから、ヒルズの街。ミッドタウンもできちゃったからね。一所懸命努力して変えたそうです。あそこらにある風俗店を全部立ち退かせたという話が残ってます。そうやってきれいにしたんだけど、土地の記憶は残ってるんです。だから原宿にはなれないんですよ。六本木は。原宿になれないのは、ひとつには明治神宮の存在があると思いますけど。

六本木の飯倉片町にはキャンティというイタリア料理屋もありました。ここに、荒井由実さんはよく行っていたそうです。一九七六年一一月に荒井由実さんは結婚なさって松任谷由実さんに姓が変わりますが、その一九七六年のライブ音源を牧村憲一さんから提供してもらいました。そのライブというのは八王子市民会館でやっていたものです。「みなさん、私はあの荒井呉服店という八王子でも有名な呉服屋さんがあって、そこなんですけれども、住んでるのは京王八王子のすぐ近くにこういう街があるんですけど……」と言っています。明神町だ。明神町に住んでいる。同じ頃僕も明神町に住んでたんです。なんせね、同じ大学ですからね。

ただ許せないのは、許せないっていうと怒られちゃうな、〈中央フリーウェイ〉（一九七六）という歌ですね。〈中央フリーウェイ〉にはこういう歌詞があります。「右に見える競馬場　左はビール工場」。それで運転してる人が隣の女の子の肩に手をやったと。高速道路をそれで運転するのは危険極まりない。そしてビール工場。ビール工場は僕がバイトしていたんです！　もってのほかですよ。それを歌にするなんて。ビール工場はすごいんですよ。日払いですからね。いろんな人がきてて、僕は一日中カートを洗う過酷な労働をしていましたから。ただ、たまに倉庫の見張りっていうのがあって、これが楽。見てるだけでいいんで。

七二年の切断、そしてシティ・ポップへ

演劇には一九七二年の切断というのがあります。櫻社がアートシアター新宿文化で清水邦夫

の「ぼくらが非情の大河をくだる時」という作品を上演したときに、演出の蜷川幸雄さんは一番うしろの壁に寄りかかって、自分たちの演劇の表現が衰弱しているんだと、かつてとまったく同じようなことしかやってないじゃないかと思ったそうです。なにか新しいことをやってるかというとそんなことはない。そして、「ぼくらが非情の大河をくだる時」は、最後にすごくいいセリフを大声で、兄が死んだ弟を背中に背負って、劇場の外に出ていくというラストシーンです。そこにはもう、かつての六〇年代のアツい熱気を孕んだ新宿は存在しないんだっていうことなんですね。

　そして一九七二年に「ぼくらが非情の大河をくだる時」が上演されて、一九七四年の岸田戯曲賞を受賞します。その年に同じように受賞したのがつかこうへいの「熱海殺人事件」です。ここで明らかに清水邦夫とつかこうへいというふたりの劇作家の資質の違いというのが出現する。なぜか一九七三年は岸田戯曲賞の選考自体がなかったので、七三年に上演された「熱海殺人事件」が七四年に同時受賞するんです。ここに、七二年の切断があるんじゃないかなと思います。

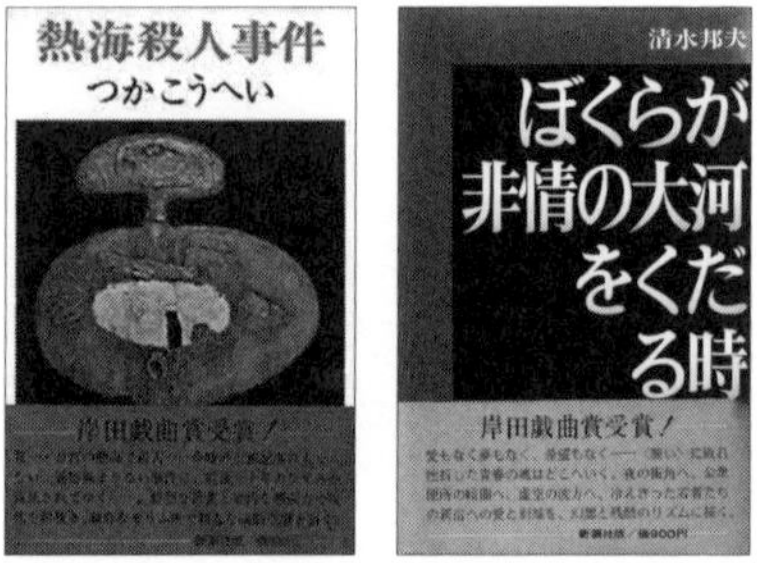

左 つかこうへい『熱海殺人事件』(新潮社、1975)初演1973年／右 清水邦夫『ぼくらが非情の大河をくだる時』(新潮社、1974)初演1972年

　これを象徴しているのがおそらく、よしだたくろう（吉田拓郎）の〈結婚しようよ〉（一九七二）だと思うんです。これは僕が高校一年生の年にヒットした曲ですけど、どうですか？「僕の髪

が肩までのびて／君と同じになったら／約束どおり／街の教会で／結婚しようよ（…）もうすぐ春が／ペンキを肩に／お花畑の中を散歩に来るよ」。なにを言ってんだと。しかし、歌詞に気を取られていただけで〈結婚しようよ〉はよく聴いてみるときわめて優れたアレンジだし、プロデュースがされてると感じるんですね。

それをしたのは誰だったかといえば、加藤和彦さんなんです。かつて彼はザ・フォーク・クルセダーズという、関西フォークから出現したグループに参加していました。彼らは〈帰って来たヨッパライ〉という曲が二〇〇万枚以上売れちゃったのかな。深夜放送で紹介されてリクエストがかんがんかかる。解散記念に作った自主制作LP盤の中の一曲〈帰って来たヨッパライ〉のあとに、〈イムジン河〉という曲を出そうと思ったら、これが北朝鮮の音楽だったんですね。その詞の訳し方が北朝鮮の方にはご不満であるとかいろいろ説がありますが、そのときは発売禁止になったんですね。そのあと〈悲しくてやりきれない〉という曲をつくりました。これも加藤和彦さんです。

〈帰って来たヨッパライ〉が売れたことによって彼は外国に行ったりもしまして、めちゃくちゃ音楽的な教養を深めて、たとえば最初吉田拓郎さんがスリーフィンガーで歌っていた〈結婚しようよ〉が、こんだけ分厚い音になって、そしてきらきら光るようなそういう音楽にするというのは、加藤和彦ならではだと思うんですね。吉田拓郎さんも、加藤和彦さんが音楽の師匠だとおっしゃってましたけど。それだけ加藤和彦という人の才能は目を見張るところがあるわけです。

ではその翌年、一九七三年はどうか。一九七二年に吉田拓郎が〈結婚しようよ〉を歌った。一九七三年は荒井由実が〈ひこうき雲〉を歌っている。荒井由実さんの最初のアルバム『ひこうき雲』、それが発売されたのが一九七三年です。それから一九七五年、『話の特集』という雑誌がありまして、そこに「心のなかの〝オーブル街〟を歩こう」という文章を荒井由実さんは書いています。ここには非常にいろんな意味が含まれている。

　七五年は荒井由実さんが二一歳くらい。その文章のなかで「四畳半フォーク」という言葉をつくったのは荒井由実、松任谷由実だっていう定説にちょっと触れています。ただ「四畳半フォーク」という言葉は使ってないんですけどね。この文章はザ・フォーク・クルセダーズのアルバムを友達から借りた話なんですね。少し引用しましょう。「ある日彼らの熱烈なファンである同級生が」。この彼らっていうのはザ・フォーク・クルセダーズですね。続けます。「無理やりそのLPを貸してくれた。タイトルもどんな内容であったかもすっかり忘れてしまった。ただ覚えているのは、『オーブル街』というその中の一曲にひどく惹かれたことだ」（『話の特集』一九七五年一月号）。この曲は、フォークソングですよね。北山修、はしだのりひこ、加藤和彦で三人のザ・フォーク・クルセダーズなんですが、北山修とはしだのりひこは完全にフォークソングの人たちといっていいでしょう。ところが加藤和彦さんはたしかにフォークソングから出発しているしフォークソングのような音楽ももちろんつくっている。ただこの曲はぜんぜん違っ

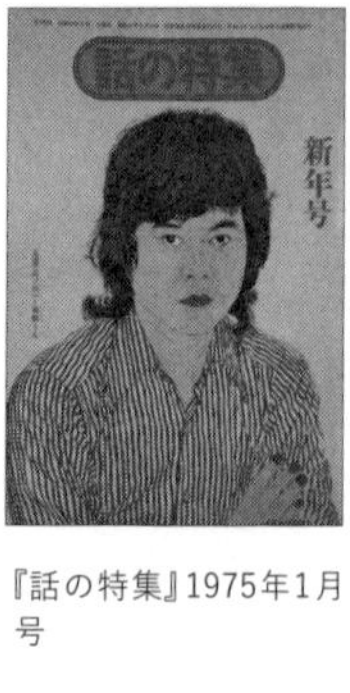

『話の特集』1975年1月号

ていて、荒井由実さんがこれに惹かれたっていうのは、その後の松任谷由実になってからの彼女の活動を見ているとわからないではない。

四畳半の裸電球の下に生活する人たちにその歌を歌う世界観があるんだから、それはそれで認められる。ただ私はちょっと違うんだと。当時、一億総中流という言葉があったんですね。一億全員中流なんだったら、私がつくるのは、中流の人に向けてつくろうと。中産階級サウンドというものを目指すんだ、ということを松任谷由実さんはおっしゃっています。

僕はモダンフォークやカレッジフォークっていうのは好きじゃなかったんです。後に吉田拓郎の〈結婚しようよ〉の音楽性の背後に加藤和彦がいると知るわけですが、それはとても重要なことだと思ってます。ここで問題にしたいのは、フォークソングが商売になるとわかったときに、ニューミュージックという言葉になっていったこと、そしてそこで近代へのカウンターとしてのフォークソング、もう少し泥臭いものたちというのはどうなったのかということです。その後もフォークソングは歌われはしたんだけれども、それは限られた人たちのなかでしか残らなかったなと思うんですね。そして、前近代で言えば、演歌はいまでもそのままあると考えたらいいでしょう。

ところで、荒井由実はいつ松任谷由実になったか。「結婚したからでしょ?」ということになるんだけど、実はこれに関しては「荒井由実はなぜ、いつ、松任谷由実になったか」という話があるんです。これは一九七五年の一月一九日、この日なんですよ。絶対に。

どういうことか。一九七二年に荒井由実さんを最初に発見してラジオで放送したのがＴＢＳ

ラジオの林美雄というアナウンサーなんです。彼は深夜放送の「パックインミュージック」で毎週のようにまだそのときは売れていなかった荒井由実を流していたんですね。そしてこの林美雄さんは、若いミュージシャンたちをラジオで紹介することもあったんですけど、同時に日本映画の紹介もしていました。当時は日本映画が凋落していましたから、なんとかしたいという思いで、日本映画の評価をすごくするんですね。そのなかに『仁義なき戦い』（一九七三）があったり、神代辰巳《くましろたつみ》の映画があったり。

そして「パックインミュージック」は菅原文太や渡哲也、桃井かおりといった錚々たる顔ぶれをそろえて新宿厚生年金大ホールで「歌う銀幕スター夢の狂宴」というイベントをやったんですよ！　それが一九七五年の一月一九日。それに荒井由実さんが見に来ていて、それを見たときの感想をのちに語っているんです。

一九七四年の林美雄について書いた『1974年のサマークリスマス――林美雄とパックインミュージックの時代』（集英社、二〇一六）という本のなかで、荒井由実さんは取材に答えて、「すごい人達がでてますよね、でも私とはやっぱり違うんだ」とおっしゃっています。林美雄さんに対して恩義はある。だけど、林美雄さんの持っている感性とは少し違うところ、それをある種の身体性として考えると、林美雄がリスペクトしたり紹介したりしていた日本映画にあった七〇年代から八〇年代初頭にかけての身体性から、彼女は離れていった。そこで、一九七五年のこのタイミングでもうひとつ別の身体っていうものが、象徴的にあらわれてたんじゃないかなと思います。[*2]

一九七五年にも転換を見つけることができます。この年は鈴木茂さんもアルバム『BAND WAGON』を出していますが、大瀧詠一さんの『ナイアガラ・ムーン』、細野晴臣さんの『トロピカル・ダンディー』も出ています。一九七五年に僕はこの『ナイアガラ・ムーン』を手にしました。ジャケットの左下には「エレック」って書いてあるんですね。大瀧さんはこっから出すのをほんとに嫌だったと言いながらエレックレコードというのを買ってあって、吉田拓郎さんもここから出してたんですけどね。吉田拓郎さんはそのあとCBSソニーにうつる。で、大瀧詠一さんはコロンビア。で、また出すんです。『ナイアガラ・ムーン』はコロンビア盤、CBSソニー盤とで出ていて、僕が持っている盤の裏を見ると、寝そべっている大瀧さんがいます。これは大瀧詠一さんの福生にあった部屋で写真を撮ってるんですけど、いつもここでいろんなこ

＊2　荒井由実さんは林美雄さんに見出されたっていうこともあって、ある種の恩義を感じてたし、シンパシーを感じてたと思う。放送するまで聴かないでくださいって「旅立つ秋」を渡したってのも大きな意味があると思うんです。だけど彼女は林さんが生み出す空間、「歌う銀幕スター夢の狂宴」の劇場の中に漂ってる空気、そういったものに何か馴染めない部分があったんだと思うんですね。ある種のマイナー性、後にサブカルチャーと言われるような言葉に見合った雰囲気があったと思うんですね。何か違和感を感じ、自分がいる場所って林美雄のいる場所じゃないんじゃないかって。だから、一九七五年一月一九日の新宿厚生年金大ホールの客席で、ここにはいてはいけないって思ったんじゃないかと。ちなみに一九七五年一月一九日は荒井由実の誕生日です。（二〇一八年二月三日開催「シブレキ！渋谷文化事件調査委員会 第四回：公園通り、道玄坂、宮益坂…坂と川、谷の街から生まれた都市型ポップミュージックとは？」宮沢章夫の発言より）

とをしてそのレコードごとに写真が違うんです。

続いて細野晴臣『トロピカル・ダンディー』。これはもう、この音を聞いたときにはびっくりしましたね。これがＹＭＯの〈ファイアークラッカー〉（一九七八）とかああいうものにつながってったのではないかなと思います。この後大瀧詠一さんは八一年に『A LONG VACATION』というアルバムが大ヒットします。細野さんは一九七八年に坂本龍一さん高橋幸宏さんと三人でＹＭＯを結成します。ある種、ＹＭＯはそれまではなかった音楽でした。まったく種類の違うものだなと思います。

そんなことがあっての「シティ・ポップ」かなというふうに思いますね。[*3]

左 大瀧詠一『ナイアガラ・ムーン』(1975)／右 細野晴臣『トロピカル・ダンディー』(1975)

＊本章は宮沢章夫さんが生前親交の深かった音楽プロデューサー、牧村憲一さんの監修のもと構成しています。本文の一部は宮沢章夫さんの過去の発言から補い、出典を註で加えました。

＊3　一九八〇年代には「シティポップス」と名付けられ、二〇〇〇年代に入ってからは「シティ・ポップ」と呼ばれた日本のポップス。宮沢章夫さんは、そのスタートを一九七〇年代のニューミュージックに求めていたと思います。はっぴいえんどの解散後、細野晴臣、鈴木茂たちのキャラメル・ママ、そして荒井由実、大瀧詠一のナイアガラレコード、加えてシュガー・ベイブが活動開始した七〇年代初期。それが始まりなのではとおっしゃっていました。（牧村・責）

第4講

一地方都市としての東京

シティ・ポップの原風景

川村恭子（かわむら・きょうこ）

東京都生まれ。音楽を中心とする文筆業。19歳から20歳にかけてNHK-FM『サウンド・ストリート』のDJを学生ながら担当。その後、「春一番コンサート」や「ハイド・パーク・ミュージック・フェスティバル」など音楽に関わるイベントやライブを企画、テレビ番組のリサーチ、企画、構成なども手がける。編共著書に『THE BOOM 海を渡る唄』（JICC出版局、1993）、『風都市伝説――1970年代の街とロックの記憶から』（音楽出版社、2004）の構成協力執筆など。

輪島裕介（わじま・ゆうすけ）

1974年石川県生まれ。大阪大学大学院人文学研究科芸術学専攻教授（音楽学）。専門はポピュラー音楽研究、近代音曲史。著書に『創られた「日本の心」神話――演歌をめぐる戦後大衆音楽史』（光文社新書、2010）、『踊る昭和歌謡――リズムからみる大衆音楽』（2015）、『昭和ブギウギ――笠置シヅ子と服部良一のリズム音曲』（以上NHK出版新書、2023）など。

川村　川村恭子と申します。『風都市伝説――1970年代の街とロックの記憶から』（音楽出版社、二〇〇四）という本を北中正和さんほか数名と編集・執筆をしたり、ハイドパーク・ミュージック・フェスティバルという狭山の音楽祭の実行委員をやらせていただいたり、八〇年代のなかばに「サウンドストリート」（NHK-FM）という番組――YMOで全盛期だった坂本龍一さんが火曜日を、佐野元春さんが月曜日を担当されていた音楽番組ですが――当時大学生として水曜日のDJを担当させていただいたりしていました。

わたしは東京の文京区というところの生まれ育ちです。地図でみると二三区のほぼ真ん中、千代田区の北にある区なので、住宅街なんですが、下町と山手の境目にあるようなところです。関東大震災でも地盤の硬さで無事、戦火にも残ったという地域に家がありましたので、なんというか、東京といっても今の東京とはちょっと違う、古い一地方都市とでもいうのか、ローカルな東京、江戸の名残のある東京で育ちました。ちょっと歩くとそれこそ教科書でおめにかかる文豪の家がまだ残されている。あるいは明治・大正の建造物や江戸時代の大名屋敷の庭園がそのまま公園となったところが近所にある、といった具合です。

そして、どこに行くのにも便利なところなんですね。それで子供の頃は街の中をうろうろしていて、音楽を聞いたり気に入った場所やお店に行ったり本を買ったり古本屋で遊んでいたりというような、そうしているなかで、いろんな人に出会っていろんなシーンに遭遇することになりました。今日はそうした当時のことをお話しようと思います。

輪島　どうもこんにちは。輪島裕介です。大阪大学の音楽学研究室というところにおります。きょうは受講者代表のようなつもりで川村さんにお話をうかがおうと思っています。川村さんが見聞きされてきた、渦中にあったものすごく面白い、そして素晴らしい現場の話をみなさんと一緒に掘り出してみたいと思っております。

どの音楽がシティ・ポップ？

川村　最近シティ・ポップがもてはやされはじめてから「シティ・ポップは川村さんもずっと体験してきましたよね」とよく言われるんです。けれど、最初は「シティ・ポップってなに？」と思ったんですね。というのは、シティ・ポップの「シティ」というところが幻想のようでわからない。シティ・ポップという音楽のスタイルというかジャンルがよくわからない。多くの方が「これシティ・ポップですよね」って言ってらっしゃる音楽が、わたしからするといわゆる東京の都市ミュージックではなくて、ちょっとAORのような感じがしたり、何か違う感じがしたりするんです。

たとえばはっぴいえんどの景色、歌詞に出てくる風景はわかるし、見えてくるんですね。ただ見えてくる風景というのが、江戸から連綿と続いてくる東京の風景のような感じがするんです。はっぴいえんどが好きだという別の世代、別の地方都市の出身の方とこの見える風景の話をすると、あまり共有できないときがあって、すごく不思議だなと思っていたんです。それで、あるときに、ああそうか、と。もしかするとその風景は、松本隆さんのなかで、ある種の文学的なノスタルジーをもふくめて、まだ東京が今のような大都市・東京ではなく、日本のなかのひとつの地方都市であった頃の少し前の風景なんじゃないかと思ったんですね。

わたしの生まれ育った文京区というのは、城北地区、いわゆる千代田区から見ての北側になります。新宿・渋谷というのは西側というイメージです。うちのあるあたりからだと子供の頃には、新宿より先はちょっと遠いところだったんです。そうですね、六義園とか東洋文庫、それと森鷗外記念図書館のあいだぐらいに家があります。森鷗外の自宅が記念館としてあり、図書館が併設されていたんですが、そこに本を借りに行く途中で、吉本隆明さんが道を歩いているとか、高村光雲アトリエ跡があるとか、漱石の猫の家があるとか。そういうなかで遊びに行くところは子供ですから、徒歩や自転車で行ける場所になるわけです。東大内にある三四郎池、漱石の小説から名がついたわけですが、それが自然と遊び場になる。昭和の子供にとって電車に乗るのは大事《おおごと》なんですよ。そうすると、遊び場がおのずと本郷通りをずっと古本屋をはしごしながら、そのまま水道橋とか神保町に行く、という感じになっていくんですね。それこそ、漱石や鷗外、芥川の歩いたところをそのまま歩く。林芙美子が二階のカフェで女給をやっていたという本屋に本を買いに行く、といった具合です。

そうやって古本屋さんで本を立ち読みしたりしながら、お小遣いをもらえるようになると、友達のお兄さんお姉さんと一緒に音楽喫茶みたいなところに行くんです。冒険ですね。喫茶店に行くなんて不良と言われる時代ですから、たとえばそれはジャズだったりタンゴだったりするんですが、大学生のお兄さんたちに連れて行ってもらうというか、ついていく。音楽といっても当時はいろんな音楽があって、いまもまだ残っている老舗の専門店もあるんですけど、そういう専門店じゃなくて、なんでもない喫茶店なのにそこの親父さんがふつうにマンドリンの曲ばっかりかけてたり、ハワイアンやカントリー、シャンソンなんかがかかっていたりする。あるいは家の近所に小学生のときにできた輸入盤屋さんがブルーグラスの専門店だったりとか。こちらはずっと店の名前がわからなかったんですが、麻田浩さんにある時、「こんな店が六義園の近くにあったけれど知らないか」と尋ねたら教えてくださった。どうやら東京では知られたカントリー、ブルーグラスの興行まで手がけていたご兄弟のやっていたお店だったとわかったんですけれど、なのでそういうところで知らない音楽に出会うわけです。「なんでこんな音楽があるんだろう」っていうような聴きなれない音楽の場所に遭遇したりするんですね。

輪島　それは川村さんが中学生くらいですか。

川村　そうですね。小中学校のときです。たまたまうちは鍵っ子だったので……鍵っ子っていうのも死語かな。要するに、兄弟がいなくて近くに親戚がいないので、家族がでかけるときにはひとりで留守番することになるんですね。近所の同級生のおうちに預けてもらったり、同級生のおうちがやっている喫茶店にいたり。その同級生の喫茶店のお兄さんが当時慶應生で、アメリカに留学されている方がいたんです。いま考えるとカウンター・カルチャー真っ最中のアメリカに行かれていたわけですよねえ。そこの喫茶店にそのお兄さんが送ってくるレコードが月一回届く。そして音楽好きやデモには行きたくないような、そのお兄さんの友人たちがそこに集まって聴いているという、そういうなかにいたんです。

考えてみれば、そのあたりだと東大はもちろん、慶應にいくのにも早稲田にいくのにも明治にいくのにも東洋大学にいくのにも近いので、学生がわりと多かったんです。住宅街なんですが下宿が意外とあって。だからそういう学生の文化が流れているところがあったんじゃないかなと思いますね。

左 はっぴいえんど『はっぴいえんど』(1970)／右 はっぴいえんど『風街ろまん』(1971)

当時の東京都の学校群制度ではわたしがいたのは第四学区というところで、学区にはそれぞれ学校がいくつかの群に分けられていました。第四学区の第一群が四一群、その四一群に小石川高校と竹早高校という都立の進学校があったんですね。竹早高校は山下達郎さんがおられたところです。当然同級生のお兄ちゃんたちもそこに行っていて、そういう流れで、シュガー・ベイブの一番最初のコンサートのチケットがその喫茶店にまわってきたりしていました。あとは文京区なので文京公会堂という区の持っている公会堂の優先申し込みが催物によっては町内会の回覧板でまわってくるようなものがあったりとか。子供でお金ないけど興味がある、それはもう申し込むしかないですよね（笑）。それで気がつくとそういう音楽や催事にあふれていたわけですね。なんでといわれると不思議なんですけどね。

輪島　うらやましすぎてぐうの音も出ない（笑）。ぼくは地方出身なので、「東京に行きたい」という一念がいろんなことの原動力だったんですけれども。ぼくが身を焦がすほど憧れたものが当たり前のように、意識せずにある環境っていうのは、うーん、なんていったらいいんでしょうね。うらやましい（笑）。川村さんより上の世代のひとたちは基本的には洋楽をいっぱい聴いているっていう感じですよね？

川村　そうですね。基本的に上のお兄さんたちはまずオーディオ・マニアでクラシックを聴いている人でしたね。それからジャズ、で、それからロック。洋楽もたぶん留学されていたお兄さんがいなければそこまでシンガーソングライターものは入ってこなかったと思うんですけど。当時はイギリスもアメリカも受取側としてはごっちゃですから。子供にとってはただ洋楽だったので。テレビではサンレモ音楽祭もまだ放映をやっていた時代ですので、サルバトール・アダモを代表するシャンソンとか、ボビー・ソロなんかのカンツォーネとかもありましたね。

ただ日本のフォークやロックを聴いてる人はあんまりそこにはいなかったですね。でもその喫茶店ではは っぴいえんどの一枚目は聴いていました。やっぱり、最初は聴いてすごくびっくりしました。

輪島　それはなんなんでしょうね。はっぴいえんどは入ってきてたという、その特別な感じというか。

川村　すごく洋楽的だったのか、ほかの当時の日本の音楽とは違和感があったんじゃないですかね。わたしも最初に〈春よ来い〉（『はっぴいえんど』（一九七〇）収録）がその友人の家の喫茶店でかかったときに、怖かったんですよ。お寺の鐘の音みたいなごーんごーんみたいな音がしていて、しかも「お正月といえば……」ってすごく暗い歌詞でしょう（笑）。まったく当時のほかの日本の音楽と異なっていたわけです。

輪島　歌い方も独特ですしね（笑）。

川村　子供としてはすごく怖い歌だった（笑）。最初は「うわあ、怖いよ」とか思ってたんですけど、すごく衝撃。これってなんだろうって。そんな歌なかったので。たとえば歌謡曲にそういうものはないじゃないですか。たまにシャンソンとかで内容がおどろおどろしいとか、長い語り歌はあったりするけれども、ああいうものはなかったのですごくびっくりでした。だから『風街ろまん』（一九七一）を聴いたときすごくほっとした記憶がありますね（笑）。どの曲も言い方があれですけどポップですから。〈空色のくれよん〉などは空に吸い込まれるような、抜けるような明るさを感じたりしました。それでもほかの当時の音楽とはやはり異質でした。

コンサートに通う小学生

輪島　ランドセルを背負ってはっぴいえんどを見に行っていた伝説というのが川村さんにはあ

るのですけれども、これは事実ですか。

川村 それは長門芳郎さんが面白がってつくった都市伝説なんです(笑)。長門芳郎さんは、いま渋谷のタワーレコードのなかにお店が出ていますけど、パイド・パイパー・ハウスというその後伝説的になった骨董通りにあったレコード店の店主で、まだ長崎にいらした頃にはっぴいえんどを呼んでコンサートをやったり、その後はシュガー・ベイブのマネージャーでもあったり……それこそ、シティ・ポップの源流の当事者のひとりです。

さきほど言いましたけれども、同級生のお兄さんたちの流れから、あるとき、シュガー・ベイブのコンサートのチケットが手に入ったんです。電車に乗ってはじめて外苑前というところまで行くわけですが、これが大変なことなんです。子供なので大冒険なわけです。どうしよう、間違っちゃいけないし遅れちゃいけないし、場所がきっとわからないと思うからすごく早くにでて、場所を探して、会場はぜんぜん駅のすぐ前なんだけど(笑)、すごく早く着いたわけです。それで裏口というか搬入口から中でやっている様子をのぞいていたんですよね。当然、ランドセルなんか背負ってなくて。学校さぼったわけじゃないですから(笑)。そうしてのぞいていたら「危ないからこっちおいで」ってスタッフらしい人たちが中に入れてくれたんですけど。そのときは、行けなくなった友達のお兄ちゃんに頼まれて、デンスケというSONYのカセットテープレコーダーを渡されて、これで録ってこいと言われたんです。ああ、いけないことを言っちゃった(笑)。今じゃダメですけど、当時は大丈夫というか、まだデビュー前ですからある意味、アマチュアバンドですよね。だから大丈夫だったんだと思うんですけど。昔は音楽雑誌にも「どこどこのライブテープとなになにのライブテープ交換してください」みたいなページがふつうにありました（笑）。なので、子供が来たよ、なんか録音してるよ、となりまして。それを長門さんが面白がって「ランドセルにデンスケを入れて背負ってきた」っていう話にしたんです。

それはシュガー・ベイブの最初の、青山タワーホールでのコンサート「Hello! We Are Sugar Babe」（一九七三年一二月一七日）だったんですね。もちろん、どんなバンドか全く知らないです。でも、聴いてみたら本当にびっくりしました。一曲めの〈Show〉のMCで「一昨日できました」みたいな話をしていきなり始めるんです。それがあの曲ですから。その完成度の高さというか、なんというか、それにびっくりしちゃって。ちなみにそのコンサートはすごくいいコンサートでした。一番最初は小宮やすゆうとレッドアイ・エクスプレスからはじまって、山本コータローと少年探偵団やはちみつぱいが出ていてね。手元にチケットの半券が残っているんですが、ブルーの紙になんかニョロニョロみたいなものが二つあって、これなんだろうとずっと思っていたんですけれど、ずいぶん後になってそのチケットの元の絵の全体を長門さんに見せていただいてわかったんですけれど、横長のものを切って半券になったんじゃなくて、ハガキより少し正方形に近い縦型の下半分が切り取られていたのかな？　と。だから残っているのが上半分だと思うんですけど、そのニョロニョロはウサギの耳だったんですよねえ。今、ちょっと検索するとたぶんポスターが出てくると思うんですが、それがチケットになっていたと思っていただければわかるかなと思います。

はっぴいえんどは文京公会堂でのライブ「CITY—Last Time Around」（一九七三年九月二一日）に行っています。その前にはっぴいえんどは二回半ほど見ていたんですけれど、はっきり言うと、あまり満員という記憶はありません（笑）。もっとも子供の記憶なので、なんですが人がいっぱいになっているのを見たことがなかったのね。けれどこのときは公会堂の外に、そぼ降る雨ではありましたが、雨の中なのに行列ができていて。しかもそれまでみたことのないおしゃれなお姉さんたちがいっぱいいて。「えっ!?」とすごいびっくりして。それでコンサートが始まってまず驚いたのが、一番最初に登場したのが南佳孝さんだったんですけれども、その頃のロックの概念ではコンサートでストリングスとかはないイメージなんですよ。どちらかというとワイルドな、喧々囂々とするようなもののほうが多かったのに、ストリングスの入っている音楽ではじまったの。すごいびっくりした。

だからはっぴいえんどっていうか風都市という事務所が抱えていた音楽というかやっていた音楽、はっぴいえんど、はちみつぱい、乱魔堂、あがた森魚、南佳孝、吉田美奈子、シュガー・ベイブ。あと実は山下洋輔トリオもいたんですけど。その音楽には全部驚かされました。

シュガー・ベイブは、またも失礼な言い方なんですけど、最初は人気がなかったんですよ。なんで人気がなかったかというと、これはあくまでわたしの子供の頃の視線ですけれども、シュガー・ベイブは最初の頃は自分たちのオリジナルだけじゃなくてドゥーワップの曲とかもカバーしていたんですね。たとえば、〈Come Go With Me〉（一九五〇）とか。日本のロックがちょうど時代がそういうものじゃないところにいってたときだったので、ポップだから敬遠されていたって感じが……今考えるとそうだったんじゃないかな、と思うんですね。

　中学のときに日比谷の野外音楽堂にコンサートを見に行くんですけど、わたしは朝から行くわけです。なぜかというと、当時の野外音楽堂にはうしろのほうに芝生席があって、そこにだいたい酔っ払ってるお兄さんとかがいて、中学女子にはちょっと怖いんですね。だから朝早くから行って、並んで、一番前に行く。当時は「内田裕也プレゼンツ」みたいなコンサートが多くて、シュガー・ベイブはだいたい出番が最初だったんですよ。だから見た人はあんまりいないんじゃないかと思いますね。村松邦男さんとこのあいだYouTubeでその話をしていたら、村松さんたちは、「僕たちはさ、とにかくみんなロックのバンドの人たちが怖かったので、すぐに帰るために一番最初にやってた」って言ってましたけど。

　これは冗談も本気もふくめてなんだけど、いわゆるシティ・ポップの源流になった日本のロック、はっぴいえんどとかシュガー・ベイブとか東京モンのバンドっていうのはちょっとひ弱という受け止められ方をしていたんじゃないかと思うんです。著作権のこともあるのでお見せできないんですけど、自分でとった文京公会堂の写真を見るとはっぴいえんどなんかはもう、ぜんぜん誰も顔をあげて歌っていないし、アクションもほとんどない。人気が出にくい、サービス精神がまったくない感じのバンドでした。非常にお客さんにアピールしにくい、黙々と音楽をやっている感じだったんですよね。シュガー・ベイブとかは外に向けてアピールするというか、コール・アンド・レスポンスといったような感じが後期にははっきりとあったと思います。

東京のなかの多様性

輪島　お話をうかがっていると、川村さんの場合は東京ローカルというより文京区ローカルみたいな感じですよね。

川村　そうですね。いまは建て替えられて文京シビックホールに変わっちゃいましたけど、昔は文京公会堂というのは手頃な小屋で、消防法で稼働しなくなるまではドリフターズの中継もやっていたし、キャンディーズも五つの赤い風船もキャロルもはっぴいえんどもミカバンドも文京公会堂でみたものでした。学校の能楽鑑賞教室とか、クラシックとか、バレエとかそういうのも文京公会堂ですね。当然、文京公会堂っていわれたときのイメージは全部いっしょくたなんです。考えてみたらいい小屋だったと思います。

輪島　その頃ちまたでふつうに流行ってる音楽みたいなのとそういう地元のつながりで入ってくる音楽っていうのは、なんとなく区別するというか、違うなという感覚はありましたか？

川村　ありますよね。だって、わたしの頃は新御三家、つまり郷ひろみ、西城秀樹、野口五郎を女の子がきゃあきゃあ言っていて、もうちょっとあとになるとキャンディーズに男子がみんなきゃーって言ってる。うちの近所の男子の圧倒的といっていいぐらいの数が行ってましたからね。あの後楽園の当時はオープンだった野球場でのキャンディーズ解散コンサートも（笑）。

　ただ、たとえば西城秀樹にしても、いまは廃盤になっているものが多くて残念なんですけど、ライブ盤を聴くと矢沢永吉の曲をカバーしていたり、結構ロックなものをやっていて、本人はそういうものが好きだったんじゃないかなと思いますよね。

輪島　なるほど。その後、川村さんご自身が意識的になにかを選び始めるのはいつごろでしたか？　どこに遊びにいくかとか、自分で買うレコードをどれにしようかとか。

川村　中学生ですかね。小学生のときにはどこかに行くとしても親が一緒じゃないと無理だったので。中学生になっても親は一緒にいることが多かったんですけど、幸いなことに母は歌舞音曲の類が好きな人だったので門限は厳しかったけれども、映画や音楽・本といったものの鑑賞についてはジャンル問わず許されていました。あと、母は新しいものも好きだったので、渋谷の屋根裏に子供ばんどを見に行ったり。RCサクセションもうちの母親と一緒に行ってましたね。なので、中学生当時のわたしを知っているミュージシャンの方々はいまだに「お母さん元気？」なんておっしゃる方もいます。母はフランス映画やシャンソンが好きなので、銀巴里での丸山明宏（現・美輪明宏）さんを見に連れて行ってもらったり、ある日は今日も丸山明宏だ、って行ったはずが山下洋輔トリオが出てきた、とかそういうことはあるけど（笑）。

　当時ありがたかったのは、家ではラジオをつけっぱなしにしてくれていて、そこからいろんな情報が入ってきたんですね。それからこれまでの話にも出てきましたけど、友達のところのおうちの喫茶店でよく音楽がかかっていたということと、あとは当時の大学生のお兄ちゃんやその仲間たちは、妹とかの面倒をすごくよく見てくれてどこかに連れてってくれるんですよ。妹連れてくからついでに一緒に遊んでいるわたしも連れて行ってくれるわけです。たとえば、今日は新宿に行くよ、と。それで「お兄ちゃんたちちょっと用事あるからここで映画みてて」って蠍座《さそりざ》という映画館に連れて行ってくれたことがあります。そこでみたのがジャン＝リュック・ゴダールの『気狂いピエロ』（一九六五）でした。いまにして思えば、お兄ちゃんは新宿の伝説的カウンター・カルチャーの巣窟とでもいえる喫茶店、風月堂にいったんですよね。たぶん。でも、その時に見たゴダールがまた衝撃で。子供ですから、映画ってお話だと思っているわけですよね。物語。ドラマというか。ところが、ゴダール。「映画ってお話じゃなくてもいいんだ！」っていう、もう既成概念が崩壊しまくったというかなんというか、こういう体験というのはうまく言えないんですけれども、目の前の壁がガラガラと崩れていく、とか、目の前がモノクロから一瞬にして総天然色、フルカラーになっちゃう、みたいな衝撃ですよね。

自分が持ってる既成概念、「これはこうだろう」みたいなものが、「ああ、そうじゃなくていいんだ！」みたいなことを気づかされるときってうれしいじゃないですか。それでハマっちゃうっていうところがある。それで映画にハマったりとかね。いつでもなにか新しいことに出会いたいというのは、そういう気持ちが大きいですね。

輪島　身の回りにいた大学生のお兄さんたちとかが、カルチャーの情報を収集するにあたってはかなり重要な存在だったたっていうことですよね。

川村　そうですね。でも、なにかを教えてくれたわけじゃないんですよ。いまのひとたちみたいにまとまった情報があるわけじゃないので。ただ「これ好き、これ嫌い」といってかけたり、映画や慶應大学の三田祭をはじめとしてそれぞれの大学祭に連れて行ってくれたり。あるいは、その友人の家の喫茶店に行くとガロやCOMの漫画が読める。子供としては漫画が読めるという、この下心はいちばん重要なわけです（笑）。それでたまたまそこでかかっていた音楽がそういったものだったっていうことですね。こう話すととても特殊な趣味のように思われますが、当たり前ですけど、ふつうにローリング・ストーンズもキャロルも好きでした。だから、ある時期から風都市的なものと内田裕也的なものが棲み分けされちゃうんだけども、当時は全部いっしょくたにあったんですね。風都市には乱魔堂もいたしね。乱魔堂はほんとうにかっこよかったですね。

六〇年代東京の風景

川村　細野晴臣さんの同級生である写真家の野上眞宏さんは六〇年代、前回の東京オリンピックの頃の風景の写真を撮られているんです。カメラマンになる前の高校生の頃とかに趣味のカメラで撮っていたそうです。今日は残念ながらお見せできないのですが、『風街ろまん』のジャケットを開いたところに載っているイラストのように、当時は街の中を都電が何台も走っていたわけですね。まだ戦後の続きな雰囲気がしますよね。でも文京区の端っこはいつもこんな感じでした。

輪島　川村さんの小中学生のときの経験していた東京は、こんな風景だったんですか？

川村　わたしがさっきの経験をする前の東京ですよね。小学校低学年の頃。都電を乗り継いで銀座まで行くとか、そういった頃の東京はこういう景色でした。なんとなくはっぴいえんどの

〈春らんまん〉（一九七一）を聴くと「ああ」って感じがしますでしょう。

輪島　この都電がいっぱい走っている感じ。僕は九三年に上京なんですけど、早稲田から都電が走ってるじゃないですか。あのあたりがはっぴいえんどの風景なんだと、音楽サークルの五年生ぐらいの先輩にレクチャーされたのを覚えていますね。平日の昼間に部室になにをするわけでもなく居たら先輩が来て、「ちょっと行こうぜ」みたいな感じで。

バスはもともと都電だったところを走ってるので、今でもバスに乗るとそういう感覚はありますよね。早稲田から渋谷に行くバスがすごく好きだったんです。この雰囲気を、もちろんそのままではないんですけど、重ね合わせることは二〇世紀の末はぎりぎり可能だった気がします。

川村　はっぴいえんどが好きな少年少女は東京に出てくると、必ずはっぴいえんど巡礼に出るんですよね。はっぴいえんどの歌詞にでたところを訪ね歩くとか、『ゆでめん』（『はっぴいえんど』（一九七〇）の通称）のあのジャケットの場所に行くとか、そういうのがあるそうです。

輪島　はっぴいえんど巡礼の第一世代みたいな人たちは、それでも後追いなんですかね。

川村　リアルタイムの人たちは行かないからね。そのあとの人達だよね。見れなかった世代。だからわたしたちの世代な

はっぴいえんど『風街ろまん』(1971)のジャケット中面に掲載された宮谷一彦による路面電車のイラスト

んだと思うんだけど。

はっぴいえんどはどのように再発見されたのか

輪島　今日ははっぴいえんど再評価の話なども、うかがえるといいような気がするんですけれど、川村さんはそうなるともう当事者、なんなら中心人物の一人でもあるわけですよね。

川村　再評価というかやはり萩原健太さんの『はっぴいえんど伝説』（シンコーミュージック、一九九二）が大きいですよね。わたし自身は再評価をした覚えはなかったんですよ。けれどとにかく、はっぴいえんどはすっごく好きだったんです。さきほど言ったみたいに最初の一曲目は怖かったけれど、好きな曲もいっぱいありましたし。ほかにない音だったのがまず素敵だったんですよね。残念ながら、単独ライブは二回半しか見ていないんですが。

レコードはいったんレーベルのＵＲＣ自体がなくなってしまったので、廃盤になっていました。そうすると簡単には手に入らないので、布教活動としてカセットに入れて洋楽好き、ロック好きの人とかにあげたんです。そうすると、「うーん、なんかフォークみたい」とか言われたり「なんで日本語なの？」とか言われたり「この日本語は無理でしょ」と言われたりしたこともありましたね。ぎなた読み的な音節の区切りだ、とか、そういうことも言われたかな。

ちょうどわたしが八三、四年に「サウンドストリート」をやっていたときはＹＭＯが大ヒットした時期だったんですね。ＹＭＯには細野さんがいらっしゃる。で、同時にその頃は大瀧詠一さんがソロでもヒットを出す。『A LONG VACATION』（一九八一）から『EACH TIME』（一九八四）になっていく時期ですから。それから松本隆さんが歌謡曲で松田聖子を筆頭としてヒットをどんどん飛ばしている。その曲をユーミンや細野さんや大瀧さんがつくっている。そういう時期だったので、みんななんとなくその人達がはっぴいえんどをやっていたという情報だけはあるんですよ。だけど、輪島さんが言っていたように、まるでホトトギスのようでね。声はすれども姿が見えず。噂はあるけど実態はわからず。その音すら、本当にね、音がない。売ってない。レコード屋さんに行っても売ってないんですよ。それで、そんなこともあって、ラジオでは日本のフォークとロック史っていうのを月一回必ずやるようにしていて、三回目にはっぴいえんど特集をやったんですね。

　村松さんとYouTube番組をやっているなかで、それを見つけてメールくださった方がいました。当時の番組をテープにとってずっと聴いてくださってたという。その方のメールがすごく面白くて、素敵だったんです。「緋色の帆を掲げた都市が」というはっぴいえんどの歌詞がどういう日本語なのかがわからなかったとおっしゃるんですね。日本語の歌詞なのにわからないと。でもすごく好きでずっと自転車に乗って口ずさんでたらしいんですけど、わからなかった。あとは「歪」という字、「いびつ」、それを聞き取りをできない。とにかくはっぴいえんどの歌詞は聞き取りするのが大変だったと。そのテープを何度もまわして聴いたって話を

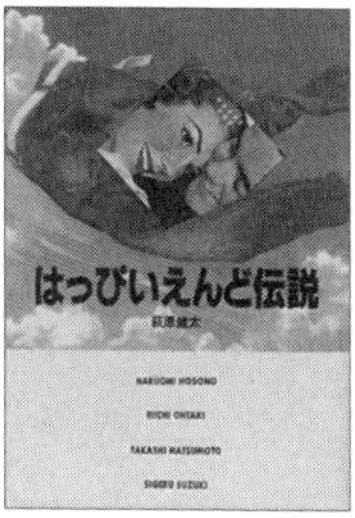

萩原健太『はっぴいえんど伝説』(シンコーミュージック、1992)

メールに書かれていて。「ああ、そうだよね」と思って。歌詞カード見てもわかんないんですけど（笑）。「緋色の帆を掲げた都市が」って書かれても「ん?」とか思いますよね。わたしたちはまんまとそういう口語ではない文学的な日本語の歌詞にとらわれて風街市民になった人間の一人なんだなと思ったんですね。

というと、すごくはっぴいえんど礼賛をしていますけどもね（笑）。先ほども言ったように、はっぴいえんどが再評価されたのは萩原健太さんの本が出て、そのときに、「ああ、やった!」と思ったわけですね。で、それからいろんな人達が書き始めて、風都市がいまや「シティ・ポップの源流」。でも、輪島さん、シティ・ポップの源流にはっぴいえんどは入っていないんでしょう。

輪島　海外の再評価だと入らないでしょうかね。もっとディスコ的な、ダンサブルなもの。フュージョン的なものでしょうね。ただ、日本のなかだと、要するにはっぴいえんどの直系からシティ・ポップが始まっているというような語りは根強いですよね。たとえば最近出たディスク・ガイド『レコード・コレクターズ増刊 シティ・ポップ 1973-2019』（ミュージック・マガジン、二〇一九）は、基本的にそこからはじめていますね。はっぴいえんどの解散コンサートで、松本隆プロデュースの新人としてお披露目された南佳孝を一番最初に紹介しています。「はっぴいえんど以降」がシティ・ポップですっていうふうに「したい」というか。そういう感じでしょうね。

そうすると、はっぴいえんどがあってシティ・ポップがあってその後渋谷系がきて、と、なんというか東京生まれの育ちのいい、そしてマニアックな洋楽趣味の人たちの系譜として、日本のポップ音楽史をすっと一本筋を通しやすいんでしょうね。

川村　風都市というものに対して、わたしたちの感覚はローカルなんですよ。たとえば、メトロファルスというバンドを若い頃やられて、いま役者さんもやってらっしゃる伊藤ヨタロウさんが「大瀧さんの福生のスタジオの壁をはりにいくよ」って駆り出されたりとかするわけ。だから、芸能プロダクションのような距離感ではなく、なんとなく近くにあって行けるなって感じがあって。しかも東京のなかの、自分の生活圏のなかの、ちょっと背伸びするとどくところ。だったんじゃないかな。

もちろん、同じ東京にいて出会わない人もいるわけだけれど、たまたま出会うんですね。それが、音楽の場所に行っているだけではなくて、演劇の場所に行ってても出会うし、映画の場所に行ってても出会う。この流れが、たとえばはっぴいえんどが好きになったよ、岡林さんが好きだよ、という流れがなければ自由劇場にたどりつかないんですよ。でも、そこで自由劇場にたどりついて『上海バンスキング』（一九七九年初演）をみたりして、びっくりするわけです。「ああ、役者の人たちが楽器も弾いてる！」とか思うわけです。今思うと大変失礼しましたなんですけど（笑）。ましてや、串田和美さんのご兄弟がショーボートのレーベルをデザインしているとか。後から知るけれども、ぜんぶつながっていくんです、どこかで。

好きで気にしていると、多分あんまり人が気にしないところまで隅々まで見たり、つまりは好きこそものの上手なれなのかもしれないですけど、気になることを探しにいくわけですね。「これはじゃあ誰々が知ってるかもしれない」、「どこどこに行けば知ってる人がいるかもしれない」。当時、レコードはやっぱり高くて、とくに海外の盤が高かったんです。自分では買えないので、わたしはコレクターにならなかったんですよね。手に入らないから。だってドゥワップのシングル中古盤一枚三〇〇〇円は小中学生には買えません。そうすると、たとえば自分の好きなそういうレコードはどこ行ったら聴けるんだろう、とか、たくさん持ってる人のことをやたら知ってたりとか。

場所とつながり

文京ローカル、というか第四学区ローカルですごい面白い話があるんですけれど、その頃は当然ライブハウスとかはないので、中高生のバンドがライブをやろうと思うと、児童会館とか、区民会館の小ホールとか視聴覚室とか、そういうところでやるわけですよね。今みたいに楽器やアンプが揃ってる小屋やライブハウスみたいなところはないんですよ。そうすると、そういうものを持ってるところに借りにいくわけです。たとえばどこかの高校とか、どこかの大学とか。

これが第四学区の人は多分ある時期みんな、後に一八代目中村勘三郎さんになられた当時の勘九郎さんのところにお電話するんです。ボーカルアンプからなにからなにまでお持ちだったんですよ。で、ご本人のことは見も知らないんですけど、「どこどこ高校の誰々の紹介なんですけど、すみませんけど何月何日にコンサートやりたいんで、アンプ貸してください」みたいに電話するんですよね。それで、お弟子さんとかが出られて、歌舞伎のおうちなのでね。スケジュールを把握されてて、「何月何日はそれはどこどこ高校に貸すんで空いてません」とか言われたりするんですけど（笑）。年上のお兄ちゃんとかがいて車持ってる人がいれば車で借りにいけるんだけど、いないときはね、リヤカーですよね。どんだけ歩いていくんだって話ですけど（笑）。学校で用務員さんにリヤカーを借りて取りに行くっていう。これは超文京ローカルな話ですね。

輪島　ローカルなつながりがそういうふうにあるから、さっきから話されてるようなジャンルを問わないネットワークっていうのも必然的にできてきたってことですもんね。

川村　それは映研の人たち、映画の人たちもそうだったと思いますね。たとえば照明機材がなければ、どこかに借りに行って、ついでだから人手も借りて、ついでだから「ちょっとこれ出てくんない」と自主映画をつくったりもしてたんじゃないかなと思いますね。

輪島　そうなると、ライブハウスやスタジオみたいなのが広がっていく八〇年代以降になってくると、逆にそういうつながりみたいなのはあまり見えなくなったり、話題にならなくなっていったのでしょうか？

川村　そういうのが見えなくなったのは九〇年代以降じゃないかな。まだ八〇年代くらいまでは、ライブハウスの数もそんなにないんですよ。「このライブハウスに出たいね」とか、「このライブハウスだったら間違いないや、知らないバンドをみても大丈夫」という、ある種のライブハウスのカラーとか信用があって、そこのブッキングが独特だったり。

輪島　ハコとか、その場所に行けば自分の好みに合う音楽があるとか、割と基本じゃないですか。現代においても。たまに海外の学会に行っても、ぼくの場合はたいがい音楽系の学会なので地元の参加者に聞いてよさそうなところになんとなく行くんですよね。でも東京は、そこに行けば間違いないっていうハコが、すごく見えにくいなって思うんですよね。僕の場合だと、東京にいたときの連れがやってるような、生演奏ではなくBGMがいい感じのバーなんかに入り浸るしかないんです。ここに行けば間違いないみたいなものが、やっぱりある時期以降なのか、他の都市に比べても見えにくいような印象があります。かつては存在していたそういうハコごとのカラーや信用が九〇年代以降見えなくなったのだとしたら、それはバンドブームの功罪ですかね。あるいは単にバブルの影響なのか。

川村 バブルで小屋が増えたのと、面白い場所がクラブにうつりかわっていくというのがありますね。たとえばツバキハウス、ピテカントロプス、六本木インクだとか。そこに行くとハプニングをふくめて起きるライブ感というのは、表面で情報をとりにくくなったっていうのはあるのかもしれないかな。ただ、『シティロード』（一九七一年創刊）とか『ぴあ』（一九七二年創刊）が発達する前は、自分でその場所に行ってスケジュールを確認して、自分で行きたいところをセレクションしていて、そこのスケジュールを自分の手帳にうつす、というのが最初でしたから。

面白かったことがありますよ。古い新宿ロフトでハルメンズを見に行ったら、手塚眞監督、ヒゲの未亡人の岸野雄一さんもふくめて、当時面白いことを始めていた人たちがみんな並んでいたとか。あと、『1941』（一九七九）という映画の日本プレミアがあって、ジョン・ベルーシと三船敏郎が出てる映画ですけれども、日本での公開まで時間がかかったんですよ。ぜんぜん公開されなくて。やっと公開だ！　というわけで、そこに並んでたら知り合いしか並んでないんです（笑）。そうしたら今関あきよし監督か手塚眞監督か誰かが「このメンバーいたら映画一本撮れるよね」と言ったんですね。出演者もスタッフも機材も全部揃うぞ、みたいな。で、本当にそれで手塚眞監督が映画撮ったんです。その流れで（笑）。それが『MOMENT』（一九八一）っていう映画なんですけど。だからあの映画を見ると今関あきよし監督もいるし、とにかくいろんな人が関わっている。

輪島　当時の自主映画は文化全体のなかで影響が大きそうですよね。

川村　八〇年代に、もうひとつの功罪として八ミリ映画があるかもしれませんね。一六ミリだとお金がかかって大仰なんですけど、八ミリで映画をつくれるようになってきて、大森一樹さんなどが先駆者だとすると、手塚眞、今関あきよし、利重剛、犬童一心、小中和哉、黒沢清などのそのへんの人たちがぴあフィルムフェスティバルでかたまって出てくる時期なんですよね。だから、そういう八ミリの自主上映会に行っても誰かに会う。「きみさ、こないだも来てたよね」って言われて、なんか話すようになる。そしてつながっていって、ライブハウス行ったら「あ、いるじゃん」みたいになったりする。そうすると、今度は逆に知らない情報を教えてもらえるんですよね。こんどいついつどこどこでクレージーキャッツをオールナイトでやるらしいよとかね。そういうので情報を得ていくんですね。

輪島　最初の話であったような、東京の文京区のような地域的な人間関係というよりは、特定のサブカルチャー領域に関わる、東京全体から集まってくる、ある種奇特な人びとのコミュニティみたいな、種類が全然違う感じですかね。

川村　ああ、そうですね。それはだから、七〇年代から八〇年代にかけてそうやって変化していくんじゃないかなと思いますね。たとえばNYLON100%みたいなお店が渋谷にあって、そういうところがサロン化していくとか。

輪島　それに憧れて上京するひとたちっていうのもあらわれてくるんでしょうか。

川村　そうですね。だから、『宝島』(一九七三年創刊)がサブカルチャー誌から「ここに住みたい東京」みたいな雑誌になっていくのかなと思います。ただもちろん、これはあくまでわたしが見ていた東京なので、ぜんぜん違う人もいるとは思うんです。

あとはね、お金がないので無料のところに行くんですよ。ライブや映画をどれぐらい無料で見れるか。家の往復はがきをつかって、抽選にどんどん出すとかね(笑)。ありがたいことに、たとえば日立みたいなハードメーカーが日立Lo-Dプラザっていうのをやってたんですね。これは銀座と有楽町の線路際というか下というかのショッピング通路みたいなところにあったんですけどね。日立Lo-Dというブランドのショールームだったんですけど、ライブをやるんですけど、一部申し込みで実体験ができるんですね。録音の。ここには簡単な八チャンネルくらいの卓があって、自分でその機材を使って録音することもできるんです。もちろんその場で日立のカセットテープを買って、最後にJASRACのシールをぺとっと貼られるんですけど(笑)。でもその体験があったから、PAのことがわからなくても、あるいはレコーディングのことがわからなくても、機材があって、エンジニアがどういうことをやっているのか、それでずいぶんと音が変わるんだぞ、とか、知って、そういうクレジットにも興味が出てチェックし始めるわけです。そうすると、はっぴいえんどのクレジットにあった吉野金次さんが矢沢永吉のアルバムも手がけている、とか、へええ、と思うわけです。

そのテープどこいっちゃったのかな。いまとっておいたらすごいなと思うんだけど。ずいぶん見ましたよね。とにかくお小遣いが限られているから無料でみれるものをとにかく片っ端からみるので。そうするとジャンル関係なくなってくるんですよ（笑）。そのなかで取捨選択していくという感じだったのかな。

輪島　当たり前ですけど、現代の情報の取捨選択とはぜんぜん違う環境ですよね。はっぴいえんどのレコードが聴けなかった時期に、川村さんはラジオ番組を通じてアルバム音源を日本中に届ける役割を果たしたわけですが、あれも現在の環境だったらサブスクのリストにたいていのものは並んでいて、ネットで検索をして名前で人のつながりとかを掘っていけば、聴けてしまいますよね。今はずっとラジオ番組を録音して聞くみたいなこともされていないのかなと思うし、ぜんぜん違いますよね。

川村　ラジオの役割のなかには、知らないものを教えてくれるというのがあったんです。知らない曲を教えてくれる。わたしが子供の頃はね。わたしが「サウンドストリート」をやるちょっと前に、大瀧さんのレコーディング講座っていうのがあったんですよ。エコーをどういうふうに録るか、みたいなことを実際にやるんです。ＮＨＫってすごく面白いところで、必ず教育的ななにかを夏休みや春休みの特番でつくるというのが当時決まりごとのようにあって、「サウンドストリート」も「みんなのうた」も「YOU」も、「ヤング・ミュージック・ショー」っていう洋楽の番組も青少年部という部署がつくっていたんですね。青少年の育成を司るっていうところだったらしいんです。だから、「あ、こういう興味をもってもいいんだ」って子供ながらに思いましたね。そういう番組はサブスクでは出て来ないですよね。

風都市と「シティ」

輪島　今日のお話のなかで、はっぴいえんどあるいは風都市のシティ、街と、シティ・ポップのシティはどこまで行ってもぜんぜん違うなあっていうのを、僕は個人的には確認した感じがあります。東京の失われた風景、どちらも存在しないというか、失われたノスタルジーの対象ではあるのかもしれないですけど、たぶん今のシティ・ポップでいわれているシティ観というのは、もうちょっと過去に憧れる七〇年代八〇年代の東京というよりも、もう少し浮ついたというか、きらびやかな、そういうきらきらした場所としての東京のイメージが投影されているような気がします。

だから、今のシティ・ポップの「シティ」の感じははっぴいえんどがやろうとしていたものというよりは、むしろ彼らが嫌悪したものだったのかもしれないよなという気はちょっとしますね。現在シティ・ポップと言われているものの図像的なイメージはどちらかというと存在しないアメリカ郊外みたいな感じじゃないですか。そういう意味では、東京、あるいは港区や渋谷区というシティが舞台となっているという点ではもちろん重なるんだけれども、はっぴいえんど的なシティと、現在イメージされるシティ・ポップのシティをどうつないでいくのか、そもそもつなぐ必要があるのかないのか、むしろ区別したほうがいいのかということをあらためて感じましたね。

川村　音として考えるとシティ・ポップの登場につながるのは林立夫さんの登場以降だとは思ってるんですよね。やっぱり林さんのドラミングが、一六だった。しかもちょっとかなり独特な感じなんですけど、あそこからだと思っていますね。なのでもしかするとシティ・ポップはある種ティン・パン・アレーやキャラメル・ママ以降のものなのかもしれないですね。

輪島　川村さんからみた場合、いまシティ・ポップっていわれてるところのシティって、どこらへんのことだと思いますか？

川村　いまのシティ・ポップが見てるシティっていうことですよね？　面白いなと思ったのは、多分、あの頃東京のひとは東京に憧れてなかったと思うので、じゃあどこに憧れてたんだろうと思うと、ニューヨークの夜景とかじゃないかなと思うんですよね。街って言われたときに、なんかこう、ニューヨークの夜の匂いとか？　音楽に関してはそういう感じが勝手にしていて。それを考えると、いまのひとたちは、同じような感じで、たとえばアジアの人とかは東京を見ていて、それがシティ・ポップなのかなと思いますけどね。

繰り返しになるんですが、シティ・ポップという言葉を実はわたしはよく把握ができていないんです。シティ・ミュージックはわからなくはない。風都市が提唱した音楽もわからなくはない。でも、シティ・ポップってなんだろうといったときに、高久光雄さんという、エイプリルフールのディレクターからはじまって、ソニーのディレクターをやられていた方がいらっしゃるんですけれども、高久さんとお話をしたときに「いや、シティ・ポップって実はさ、とあるアーティストを僕が売りたいと思ったときに、レコード屋さんに行って、エサ箱にそうやって書いてきたんだよね」っておっしゃられて「えぇ!?」って驚いたんです。エサ箱っていうのも今はわからないかな。レコード屋さんの棚のことです。そこにいわゆる商品ポップにキャッチコピー的に書いてきたということですね。えっ？　シティ・ポップって高久さんがつけた言葉だったのかと（笑）。もちろん、それだけじゃないと思いますよ。けれどそれもひとつの要因だった。いろんなものが同時多発で起きる、そういったことがあった時期なのじゃないかと思います。

第5講

記憶に埋め込まれた音楽

小泉恭子（こいずみ・きょうこ）

1966年生まれ。中央大学兼任講師。専門は音楽社会学、ポピュラー音楽研究、メディア文化論。主著に『音楽をまとう若者』（勁草書房、2007）、『メモリースケープ――「あの頃」を呼び起こす音楽』（みすず書房、2013）。

はじめまして。小泉と申します。私は大学の学部生のときにはクラシックピアノの演奏を勉強していたんですけれども、クラシックの作曲家ってすでに亡くなった方が多くて、もうすこし現代社会で生きている作曲家とかアーティストの研究がしたいなと思って、大学院からは音楽社会学、ポピュラー音楽研究を専門としています。私の研究分野はファン研究、リスナー研究、オーディエンス研究ですので、今日はなるべくリスナー目線というところから話していきます。私自身も一九六六年生まれでバブル世代であり、シティ・ポップが世間で流行っていたときに中学生から高校生ですから、記憶も鮮明に残っています。そういったところもお話ししていけたらと思います。

ミュージックとサウンドスケープ

最初に**図1**を見てください。大文字のMで始まる「Music」が中心にありまして、それをずっと外側にほかの音楽や音が取り囲んでいくようになっています。真ん中にあるMusicは、音楽学の研究ではカノン（canon、正典）といわれる、すでに確立していて、価値が高いと認められているような規範的な音楽を指します。

シティ・ポップを考えるうえでは、大瀧詠一や山下達郎、世間から偉大だと認められているようなアーティストの音楽がここに入ります。また、同時に「シティ・ポップ」や「シティポップス」と一九八〇年代に呼ばれていた音楽のなかには、ほとんど忘れられていたり、海外で再発見されるまでは「そういう人いたね」といわれたりするような、無数のアーティストの歌もありますよね。それを**図1**では中心から二番目の、小文字の「m」で始まる「musics」というふうに位置づけています。

「musics」というこの単語、受験勉強では書いたらダメです。「music」に複数形の「s」をつけると間違いです。では、なぜこうなっているのでしょう。一九九〇年代は音楽の研究でもワー

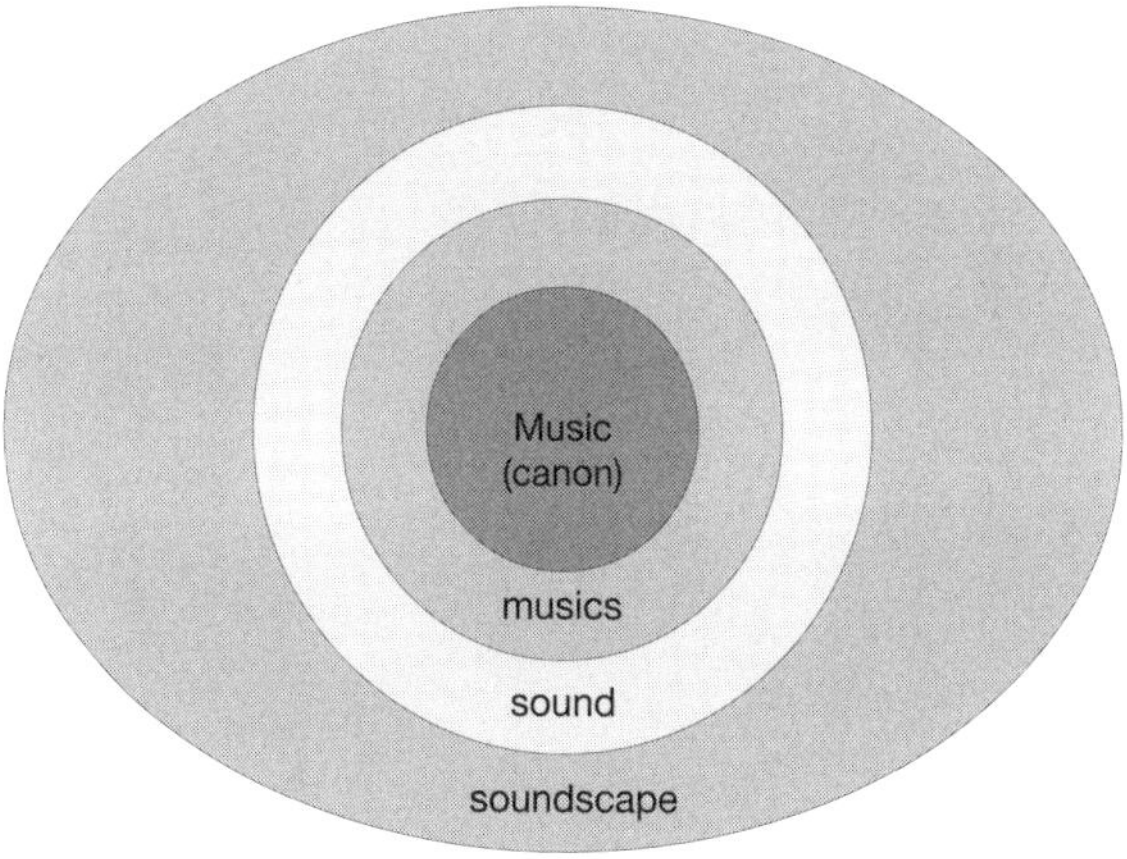

図1　ミュージックとサウンドスケープ

ルドミュージックがずいぶん注目された時代で、それまでは日本にしても海外にしても、西洋の古典音楽が中心にあるような価値観が働いていました。そこにワールドミュージックの世界的な台頭、流行によって、西洋の価値観だけではなく、いろんな人種や地理的な違いを超えて音楽を相対的に認めていこうという動きが出てきます。そこで小文字の「music」、しかもいろんな価値観が存在するということで「s」をつけて示されるようになりました。

今回は、大文字の「Music」のまわりにあった同時代の「musics」を振り返りながら、**図1**のなかでちょっと白くなって「sound」と囲まれている部分、「musics」でさえなかったような、コマーシャル音楽の「断片的」な音のことも合わせてお話ししたいと思っています。

一九八〇年代はテレビの音楽番組がまだよく見られていた時代ですが、そこでは歌はフルコーラスで流れなかったんです。「TVサイズ」といって、二分くらいのフルサイズではない音楽は「Music/musics」というにはすこし断片的でした。さらに日本のCMの場合は海外よりも短く、日本のテレビではCM一本につき一五秒が標準になっています。しかも一五秒のなかで音が立ち上がって消えていくとなると、音のない部分を見込んで、音が流れる長さは七、八秒くらいが勝負なんですよね。ですから当時もサビがすごく印象に残るような音楽づくりがされていて、その場合は音楽全体というよりも、その断片がTVの視聴者の耳に入ってきているような状況なんですね。

そして、図の一番外枠が「soundscape」です。日本語では「音風景」と訳します。このサウンドスケープというのは、「Music/musics」ではなく、都市のなかで私たちが意識しないで聞いているようなそういう音を研究するために生まれてきた言葉です（R・マリー・シェーファー『新装版　世界の調律——サウンドスケープとはなにか』平凡社ライブラリー、二〇二二）。

眼には、嫌なものがあったら眼を閉じるという瞼《まぶた》の機能がありますよね。例えば、嫌いな絵や映画を見たりしても、眼を閉じてしまうと、それ以上飛び込んできません。ですが、耳にはふたをすることができません。だからコンビニで買い物をしていてもその店のBGMが耳に入ってくるようなことが起きます。音楽を聴こうという気持ちで聴くことを「専念聴取」とか「集中的聴取」と呼ぶのに対して、ほかのことをしながら聴いたり、意識せずに聞いたりすることを「非専念聴取」や「並行聴取」と呼びます。「非専念聴取」は「ながら聴き」と言い換えると分かりやすいですね。

図1のような「Music/musics」と「sound」の関係が、八〇年代のシティ・ポップの音世界ではどうだったのか。サウンドスケープの考えを使いながら、次に都市の音楽のサウンドについて話したいと思います。

聴取環境の変化

私は東京ではなく神戸市の出身で、一九八〇年代当時、シティ・ポップを生で簡単に聴くことはできませんでした。ライブではなく、メディアを通して文化としてのシティ・ポップを体験してきました。音楽は聴き方が目まぐるしく変わってきている分野ですので、この五〇年間の音楽メディアの変遷をざっと整理するところから始めましょう。

まずカセットテープが日本の一般家庭に広がるようになるのは一九七〇年代（実用化は六二年）、とくに若者が移動中にカセットテープを聴くようになったのは、七九年のソニーの「ウォークマン」の登場によってです。

それから一九八一年になると、ミュージックビデオ（MV）が海外からやってきます。アメリカの場合はMTVが二四時間放送されていましたが、日本では土曜深夜に放送していた『ベストヒットUSA』という小林克也さんのテレビ番組で洋楽のMVを紹介していて、その番組を週一回、見ることでしか最新のMVに触れられませんでした。ですから日本の八〇年代前半、当時の若者はテレビの音楽番組を除くと、ラジオ番組やテレビのコマーシャルで音楽を聴くことが多かったんですね。一時間のうちに一五秒CMが四三本くらいの平均で放送されるといわれていて（小川博司『音楽する社会』勁草書房、一九八八、一六八頁）、クラシック音楽、例えばホンダが二代目プレリュードのCMにラヴェルの〈ボレロ〉を使ったり（一九八二）、ニッカウヰスキーが起用したキャスリーン・バトルのブームがあったり（一九八六）、MTVが日本では常時放送されなかった代わりに、テレビの歌番組とCMを通じて「映像に音がついた状態」を視聴していたというのが八〇年代の特徴です。

八二年にはCDが発売されて、音楽がしだいにデジタル化され、九九年にはNapster、二〇〇一年にはiPod、二〇〇八年にはSpotifyの登場と、どんどん音楽の聴き方が変わっていきます。カセットテープからCDに変わると、もうカセットテープは聴けなくなる、レコードも聴けなくなるといわれていた時代もありましたが、ふたを開けたら、今もレコードが再ブームで、シティ・ポップの広がりもレコードの再ブームと切り離せなくなっています。

先ほど、集中的に聴く「専念聴取」と、聞いていることを意識しないまま耳に飛び込んでくる「非専念聴取」について触れましたが、八〇年代の都市のあり方を考えるうえで重要なのが、ウォークマンとカーステレオです。当時の若者はラジオでエアチェックをしながら自分でカセットテープを編集して、それをウォークマンで聴いていました。通学の際に聴いたり、大人になって運転免許を取ったら、当時の男性は彼女をデートに誘うときに免許とマイテープが必須で、それをかけながら海の方へドライブに行くっていう定番コースがライフスタイルに組み込まれていたりしました。とくに都市における「移動」という観点から、ウォークマンとカーステレオの存在は重要だと思います。

ここで「アナログからデジタルへ」という音楽メディアの変遷をどう捉えたらいいか、**図2**を見ながら考えてみましょう。今、シティ・ポップが世界で再評価されているというのは、社会的文脈としては日本のレコードを海外のＤＪをはじめとする熱心なリスナーが買って、そのブームが日本に再輸入されているというふうな感じだと思うんですけれど、実際に多くの人に聴かれているのは、アナログのビニール盤ではなくデジタル化された音楽ですよね。その意味で、現在のシティ・ポップはアナログの恩恵もデジタルの恩恵も両方被っているといえます。

レコードはライブ演奏を反復する、再現を可能にするメディアですが、私たちが手を加えるという観点からはＤＪがレコードを回すくらいのことしかできない。対するカセットテープは、リスナーが自分で録音できるようになったことと、テープ編集できるようになったこと、そしてポータブルに、持ち運べるようになったことが大きな変化でした。レコードはカセットテープほど簡単に持ち運べません。そもそもレコードはそれまで大人の、経済的に自立した人が聴くものだったんですね。レコードはプレーヤーも高価でしたが、カセットテープのプレーヤーは中高生がお小遣いで買えるような値段でした。テープ自体も学生が買えるような値段で普及していきましたので、カセットテープの流通によって、若者が音楽を聴きやすくなったっていうことですね。

さらにCDが発明されると、ランダム再生というのができるようになりました。カセットテープは巻き戻しや早送りはできますが、指定された順番どおりに聴いていく

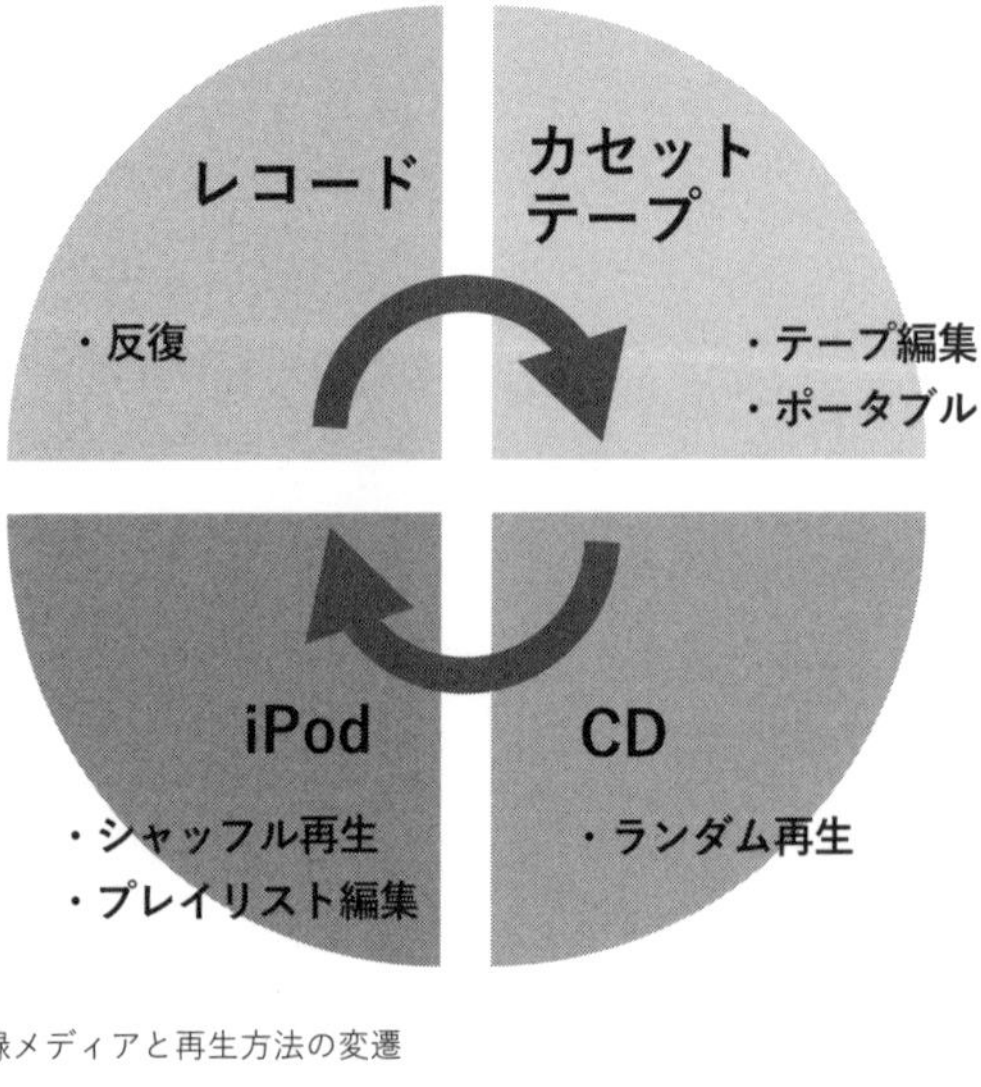

図2 音楽の記録メディアと再生方法の変遷

ことしかできない。しかし、例えばCDでは六曲目から聴きたいというときにポンと押すと頭出しができます。また、CDは再生が簡単なので、ここで女性のリスナーが飛躍的に増えたといわれています。音楽メディアの盛り上がりについて、カセットテープが八〇年代、CDが九〇年代というふうにざっくり分けると、九〇年代っていうのは日本のJ-POPがほんとうによく売れた時代で、女性・若者の参入が大きかったと考えられています。

カセットテープに自分の好きな曲を集める、CDで好きな曲を選ぶ、そしてMDやiPodではそういったシャッフル再生やプレイリスト編集がもっと簡単にできて、その機能が現在のSpotifyにまで至るという流れがあります。

この流れはまっすぐ一本の線のように思えるかもしれませんが、デジタル化して便利になった、という話ではないことに留意が必要です。現在のレコードやカセットのブームを考えると、デジタル化してそれで終わりということではないですよね。デジタル化して抜け落ちていったものを回収するような流れというのが起きていて、それとシティ・ポップ再ブームというのは関連していると私は考えています。

アナログかデジタルかということでいえば、手元にモノとして音楽を持つのか、クラウド上で音楽を聴くのかという違いも考えてみると、世代ごとにずいぶん価値観が分かれます。このあと、音楽の世代別のリスニング傾向についてもあらためて話します。

歌詞重視からサウンド重視へ

シティ・ポップの定義のひとつとして共通していわれてきたことは、サウンド重視、サウンド志向ということです。洗練されたサウンドという共通認識はあるかなと思います。シティ・ポップよりも前に流行っていた音楽というのは、洋楽ならロックだったり、日本の場合だったらフォークがあるんですけど、フォークはメッセージ性が強い音楽だったたんですね。ですから、フォークから生活感とメッセージ性を引いたものがシティ・ポップだ、っていう定義もあるくらいで、シティ・ポップはアンチ・フォークみたいな流れで出てきました。

今回のこの講座と関わりのある『東京人』（二〇二一年四月号）のシティ・ポップ特集でも、これまでの講義で名前が出てきたようなはっぴいえんどやYMOに関わった人たち以外にも、いろんな人の相関関係を示した図が見られます。今日、私は大文字の「Music」ではなくて小文字の「musics」に注目してお話をしていきますが、重要なのは相関図に名前が載っているから、そのアーティストの全ての楽曲がシティ・ポップであるわけではない、ということですよね。例えばブレッド&バター（ブレバタ）というデュオが載っています。ブレバタの音楽も、〈ピンク・シャドウ〉（一九七四）はシティ・ポップといわれていますが、〈あの頃のまま〉（一九七九）という曲はフォークのスタイルで書かれているので、一枚のアルバムのなかでもこの曲はシティ・ポップで、また別の曲はフォーク、というのもあると思います。シティ・ポップのディスクガイドを読んでいても、「この曲がとくにシティ・ポップっぽい」みたいに解説されています。シティ・ポップに関連する書籍、雑誌に載っているから、そのアーティストのジャンルはシティ・ポップであるという話でもない、ということには注意しなければなりません。時代を追ってアーティストもどんどん進化していくので、昔はフォークで、途中でシティ・ポップ寄りになって、また別の方へ行ったということもあります。

今はジャンルの垣根を超えているアーティストが多く、リスナーもあまりジャンルにこだわらない時代になっていますが、昔は今よりもジャンルの棲み分けの意識が強くありました。アーティスト側が自称しているわけではなくて、音楽産業側からレッテルを貼っていて、送り手側と受け手側の間にジャンルのクロスオーバーがあるかなということですね。

次に見ていただきたいのは、あまりこれまで見たことがない図かと思いますが、宮台真司さんという著名な社会学者による音楽、その他サブカルチャーの研究で、一九九〇年当時の大学生を対象とした調査結果です（図3、宮台真司ほか『増補　サブカルチャー神話解体――少女・音楽・マンガ・性の変容と現在』ちくま文庫、二〇〇七）。これはどういう図かというと、四象限モデルといって、大きく上と下、右と左に分かれています。で、上にいけばいくほど、「関係性」重視ということで、歌詞の世界に描かれている関係性というのは多くの場合、恋愛関係なんですが、少女マンガの主人公になったような、というか、左上に位置している歌手を見れば分かるんですけど、竹内まりやさんとか岡村孝子さんとかが入っています。CDについている歌詞カードを読みながらメロディーを聴くと、まるで歌の主人公になったようにその世界に浸ることができる。そういう少女マンガの主人公になったように聴く「関係性」の音楽というのが**図3**の座標の上にいくほど強くなって、反対に、下は全く歌詞を読み込まない、そういう音楽なんですね。それから右にいけばいくほど、「シーンメイキング」っていうのは友だちとかとパーティを開いて、そこにＢＧＭのように流れて空間を演出するような音楽ですね。都市論と関係していきますけれど、それで左のほうにいくと「非シーンメイキング」という、演出的でない音楽になるということなんですね。調査当時はロックやポップスだけでなく、図の上に位置する「関係性」の音楽も依然人気がありました。

　リスナーのジェンダーに注目すると、白丸が女性が好きなアーティストで、黒丸が男性の好きなアーティストということで分かれています。

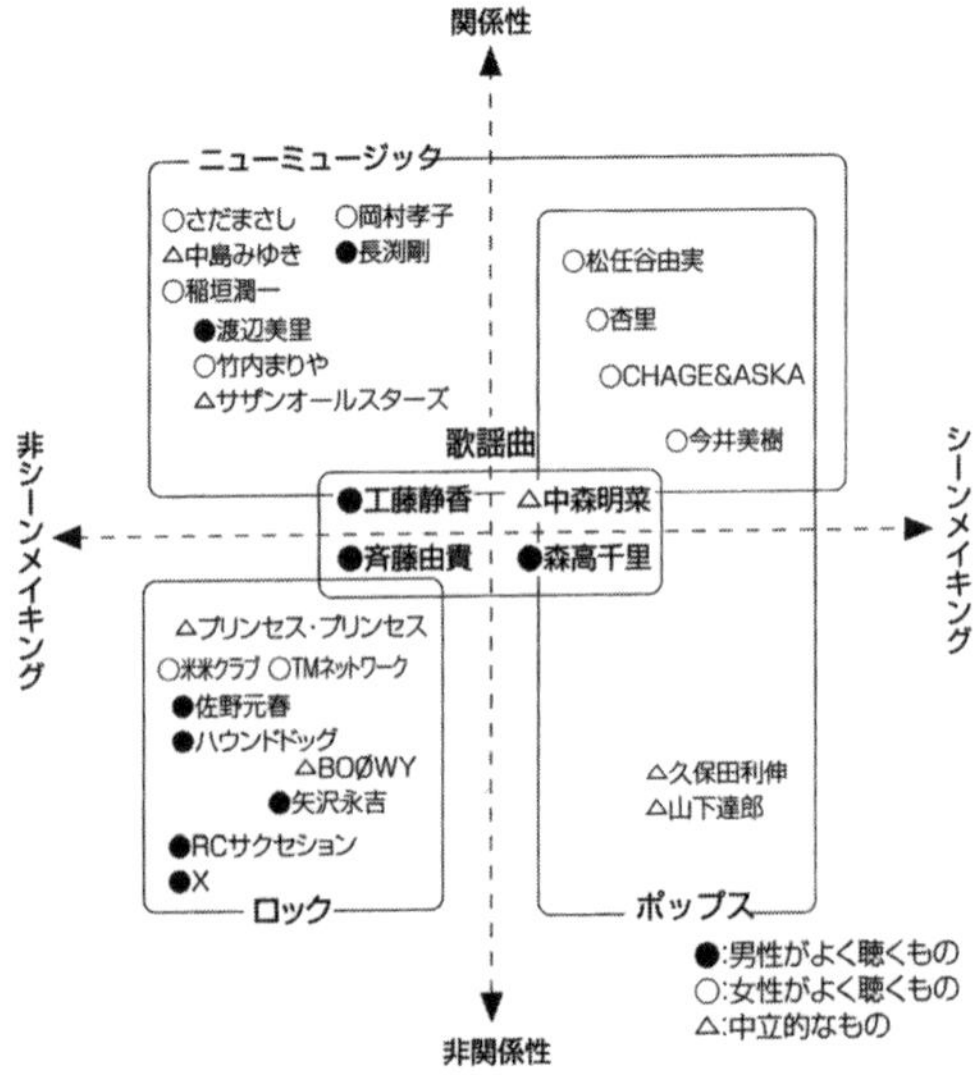

図3　四象限モデルとジャンル、ミュージシャン、その支持者（『サブカルチャー神話解体』218ページ、図4）

ここで面白いと思うのは、山下達郎・竹内まりや夫妻はシティ・ポップのキングとクイーンと呼ばれて海外でも注目されて評価されているんですが、宮台さんの一九九〇年調査によると、山下達郎さんはBGM的なシーンメイキングで聴かれる音楽に分類されていて、関係性は全然問題にしない。山下達郎の音楽は少女マンガの世界とはかけ離れていて、山下達郎の歌の主人公になるような聴き方はされていなかった。達郎ファンやリスナーはそういう音楽を求めていないということですね。それに対して、竹内まりやさんは関係性の音楽の側に位置していていいます。歌の主人公になることをリスナーが求めていたということですね。竹内まりやさんの場合は〈シングル・アゲイン〉（一九八九）など、日本テレビ「火曜サスペンス劇場」の主題歌にもなっていました。一九八〇年代後半の竹内まりやさんの歌って、〈駅〉（一九八七＝セルフカバー時、中森明菜に提供したのは一九八六）とか、すごく暗くて失恋すれすれ、失恋ソングが多かったんですけれども。

それから今、再評価されているシティ・ポップという括りのアーティストは、宮台さんの図でいうと、どのゾーンにもいるんですね。例えば右上だと松任谷由実や杏里がいますし、それから左下には佐野元春がいます。今日これからお話ししようとしている稲垣潤一さんも、竹内まりやさんと同じゾーンにいるということで、**図3**は日本の大学生の聴き方を分類したものですが、どのゾーンにもシティ・ポップの歌手が分散しています。一方、海外では歌詞が聴かれていないなという印象がありますね。

そもそもアメリカではJ-POPが評価されないと長い間いわれていて、二〇〇四年に私がサンフランシスコで日本の音楽とサブカルチャーについてフィールドワークを行ったときにも、わざわざ日本のＪ-ＰＯＰの歌詞を翻訳してまで聴くような人はいませんでした。当時、日本で流行っていたのは浜崎あゆみでしたが、ジャパンタウンで聞き取り調査を行った折にも、「矢沢永吉にしてもエルヴィス・プレスリー、浜崎あゆみもマドンナとかの真似だと思われてしまうからね。アメリカ人のリスナーには相手にされない」という意見を聞きました。けれども、当時も例外はあったんですね。それがヴィジュアル系とアニソンでした。とくにアニソン・ファン、当時からアニメ・コンベンションやコミコン（コミック・ブック・コンベンション）に集まるような熱心なアメリカのファンたちは、日本語のまま、歌詞を訳さないで歌っていたそうです。

ヴィジュアル系も海外にはないジャンルです。パッと見るとＫＩＳＳのようなメイクをしたロックバンドを真似ているのかなと思うんですけど、海外、英米系のお化粧系のバンドのメンバーってすごく体格ががっちりしていて、一方で日本のヴィジュアル系のミュージシャンは痩せているんですよね。少女マンガに出てくるような、髪も長くて女の人のようなお化粧をしている男性バンドが海外にはいなかったので、そのジェンダーレスな外見も珍しがられて、歌詞を翻訳しないでサウンドとヴィジュアルで楽しまれていました。今のシティ・ポップ・ブームも、**図3**を見ると日本の聴き方と海外での聴き方は違うと感じるんですけれど、おそらくアニソンとかヴィジュアル系みたいなＪ-ＰＯＰのリスニング体験の下地があって、日本語の歌詞でもＯＫというファン層が海外でも形成されていて、その層がシティ・ポップに食いついているのかなと思います。

左から山下達郎『FOR YOU』(1982)、大瀧詠一『A LONG VACATION』(1981)、寺尾聰『REFLECTIONS』(1981)、稲垣潤一『25周年ベスト　Rainy Voice』(2007)

シティ・ポップの視覚イメージ

ここからはレコード・ジャケットについてお話ししたいと思います。鈴木英人、永井博という超有名イラストレーターのジャケットを例に出します。多くの人が山下達郎『FOR YOU』（一九八二、イラスト・鈴木英人）や、大瀧詠一『A LONG VACATION』（一九八一、イラスト・永井博）という二枚のジャケット・イメージで、なんとなく海外のリゾート地っぽい音楽という印象をシティ・ポップに持たれていると思います。対照的に、都会の夜をイメージさせる寺尾聰さんのアルバム『REFLECTIONS』、これは『A LONG VACATION』と同じ八一年発売ですが、セールスとしては『REFLECTIONS』のほうがずっと売れていました（栗本斉「シティポップ（再）入門　寺尾聰『Reflections』〝奇跡の年〟に生まれた名実ともにシティポップの頂点」Real Sound、二〇二一年一一月七日）。稲垣潤一さんのアルバム・ジャケットは二五周年のときのなので（二〇〇七）、寺尾聰さんのアルバムと同じ時代ではないんですけど、二人に共通しているのは、サウンド的には井上鑑が編曲を担当していることと、歌詞や視覚的には夜の孤独な大人の男性のイメージということですね。若者から見た大人、しかも夜のイメージということで、稲垣さんの話を詳しくしていきます。

『SONGS』というNHKの音楽番組で、稲垣潤一さんの出演回のときに（二〇〇八年一二月三日放送）、秋元康さんが〈ドラマティック・レイン〉（一九八二）という曲の歌詞を書いているという話がありました。このときの対談で、稲垣さんの「秋元君って、どんなときに詞を書くの？」という問いに対して、秋元さんはこう言っています。

僕が一番多かったのは車ですね。
車の中ってある種の密室じゃないですか。
書斎なんですね、僕にとっては。
〈ドラマティック・レイン〉なんてのは、
首都高速走りながら、雨ん中走ってましたしね。
そこでずっと東京の夜景を見ながら、詞を書いてましたね。

やっぱり夜のイメージです。車窓から見る東京の夜景をイメージして、〈ドラマティック・レイン〉を書いたということですね。この後、アイドルのプロデューサーとして売れていく秋元さんですが、作詞家としての最初のころの、最初のヒットがシティ・ポップであったということを念頭に置いておきたいです。

さらに、〈ドラマティック・レイン〉が使われた当時のヨコハマタイヤのCMシリーズは、車が映って、海外のレーサーが映って、音楽が流れてという、MVみたいなつくりをしていました。日本にはまだ独自のMTVが無かった代わりに、ヨコハマタイヤのような映像と音楽が一体になったCMが、都市のイメージ（都市の郊外の場合もありますけれども）、当時日本人が憧れていた外国のイメージを共有するという点で、とても影響や効果があったんじゃないかなと思います。ちなみに、先ほどジャケットを紹介した寺尾聰さんの曲もヨコハマタイヤのCMシリーズで流れていました。

ただ、稲垣潤一さんは、自身の初のヒット曲である〈ドラマティック・レイン〉について、虚構を歌っていると言っています（Eテレ「SWITCHインタビュー 達人達」稲垣潤一&西村賢太、二〇一四年九月二七日放送）。

僕がデビューした八〇年当時は、映像が浮かんでくるような詞が多かったんですよ。つまり僕の曲を聴くと映画的な映像が浮かんでくる。そういうところは意図してつくってたような時代なんですね。［…］〈ドラマティック・レイン〉なんかは実はあんまりありゃしない。（西村 そんな、身も蓋もないことを……）だから、ありそうにつくるんですよ。そういう八〇年代っていうのは時代で。

稲垣さんは「シティ・ポップ」や日本のAOR（アダルト・オリエンテッド・ロック）を代表する歌

手といわれていますが、八〇年代にはドロドロした歌詞の世界をさっぱりと、押しつけがましくなく、自然に、なにも考えずに歌わないと、とも語っています。生活感がなくてメッセージ性もない。つまりアンチ・フォークということで、シティ・ポップがCMの音に乗って広まっていった時代だったということがここからも分かると思います。

稲垣さんの場合は、ほかに作詞家・作曲家がいて、その方たちに提供された楽曲を歌うということで、シンガーソングライターではないんですけれども、覆面歌手的なところがあって、要するにコマーシャルのタイアップで使われることが多かったんですね。ですから本人がテレビに出ているのを見るよりも、他の映像を見ながら稲垣潤一の歌を聴くことが多かったので、八〇年代の覆面シンガーみたいな、そういう役割があったように思われます。

海外でシティ・ポップが再評価されてきているというニュースが、日本でじわじわと広まってきたのが二〇一七年くらいだったと思います。その年に、テレビ東京の『YOUは何しに日本へ?』というバラエティショーに、スコットランドからシティ・ポップのレコードを買いに来た男性というのが登場しています(一二月一一日放送)。この男性がなにを買いに来たのかを私の方でもリストアップしてみました(**表1**)。この放送の前にも、大

山下達郎／YMO／矢野顕子／木村恵子／伏見稔／細野晴臣／橋本一子／吉田美奈子／高田みどり／島田奈美／大橋純子／古家杏子／真鍋ちえみ／しばたはつみ／山口美央子／秋元薫／池田典代／ラジ／国分友里恵／笠井紀美子／マリーン／越美晴／如月小春

表1「YOUは何しに日本へ？」で買い求められていたアーティスト

貫妙子の『SUNSHOWER』（一九七七）というアルバムを買いに来た「大貫妙子YOU」と呼ばれている人が夏に来ていて（八月七日放送）、このスコットランドからの男性の方がもうすこし枚数を多くレコードを買われていたので、リストをチェックしてみたら、私は知らないアーティストもたくさん入っていました。もちろん、シティ・ポップで有名な大文字の「Music」の人の名前もあるんですけど、小文字の「musics」の人も多く入っていて、日本人も忘れちゃっていたような人が海外で再評価されているんだということです。しかも二〇一七年、とシティ・ポップが日本で流行っていた時代から月日が経っているということで、リストの名前にはジャズ系の人も含まれていて、「日本で価値を再発見することに失敗した人たち」とも言うことができると思いますね。日本の音楽の世界では過去曲の再発掘っていうのがテーマになってきていますけれども、日本で過去曲を発掘する前に、海外で先に発掘されちゃったっていう不思議さもあると思います。CMの覆面シンガー的な役割がシティ・ポップにあったなら、アーティストの名前は覚えていなくても、映像に乗っていたサウンドの断片は覚えているのかもしれません。

世代による音楽テイストの違い

ここから世代論に入っていきます。まず、日本の場合はあまり社会階層と関係なく音楽が聴かれてきたという前提を共有しておきましょう。日本人にとって西洋音楽は、輸入されたものので、どこかありがたい音楽、かっこいい音楽というイメージがありました。しかし、例えばイギリスの場合だと、出身階層によって聴く音楽が全て決められているようなところがあります。私の知り合いで、スコットランド出身のイギリス人は、小さいころにヴァイオリンを習おうと思ったら、「お願いだからギターにして」と親に止められたそうです。なぜかというと、ヴァイオリンは社会階層の高い家庭の子どもが弾く楽器であって、一般家庭で習うイメージに合わないらしいんです。その方の実家はアッパーミドルではなく労働者階級に近いので、親に反対されてヴァイオリンが習えなかったそうなんですが、日本に英語教師としてやってきたら、日本だと誰からもヴァイオリンを弾くことを咎められないので、「自由に楽器が選べる。なんていい国なんだと思った」と話していました。

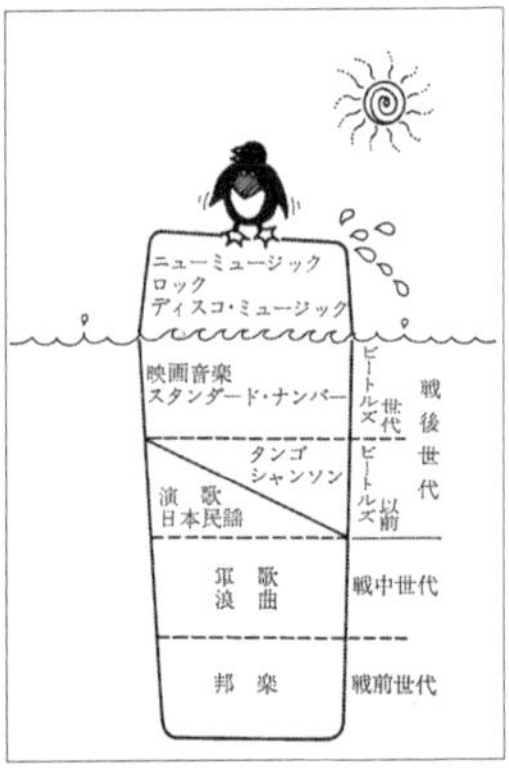

図4　音楽の氷山（『現代人と音楽』74ページ、図III-2）

イギリスのように社会階層によってははっきりと聴く音楽が決められている国々に比べて、日本では世代ごとに好きな音楽が分かれているといわれています。一九八二年にNHK放送世論調査所が出版した『現代人と音楽』という本のなかの、「音楽の氷山」と呼ばれている図です（**図4**）。調査が行われた一九八一年当時の若者向けの音楽が水面の上にあります。ニューミュージック、ロック、ディスコ・ミュージック、このなかにシティ・ポップも入っていました。こうしたジャンルが海水の上に出ている氷の部分で、じゃあ当時の若者の親世代や祖父母世代はなにを聴いていたのかというと、海水の下の方に沈んでしまっている氷の部分の映画音楽、演歌とか軍歌でした。一九八〇年ごろには、「大人の聴く音楽」と「ティーンの聴く音楽」がはっきりと分かれていたということですね。今はだいぶ、この図の水面のような境界線は無くなってきています。

私は世代を「輪切り」にする音楽についてずっと調査をしているのですが、吉田拓郎や井上陽水のフォークをコピーして演奏できるオープンマイクの店に集まるのは六〇代の方が中心です。横浜にはＡＯＲが聴ける店もあるし、シティ・ポップを聴ける店（後者は二〇二三年末に閉店）もあって、ここにやって来るお客さんは四〇～五〇代の方が多く、お店のジャンルごとにお客さんの世代が分かれているんですね。日本はそういうふうに、年齢層の輪切りで好む音楽が分かれる聴き方が多いですよね。

思い出としての音楽

なぜ世代ごとに好きな音楽が異なるのかを、心理学、認知科学の視点から見ていきましょう。このグラフは、懐かしさと思い出す記憶の量の関係を調べた図です（図5）。下に0、10、20と書いてあるのは年齢です。三五歳以上の方に懐かしい音楽や好きな音楽の調査をしていくと、一〇歳から三〇歳くらいまでの若いころに聴いていた、それも二〇歳のときをピークとする音楽を懐かしいと感じ、しかもその音楽については深く長く語れる、という傾向が顕著に見られるんです。これを心理学の用語では「レミニセンス・バンプ（reminiscence bump、記憶の隆起）」といいます。若いころの記憶の量が他の時期よりも多くなっているという研究です。これを私たちがどういうふうに解釈すればいいかということですが、日本では世代ごとに好きな音楽が分かれていると先ほどお話ししました。なぜフォークの店とかシティ・ポップの店に来る世代が限定されているのかは、人というのは一生、一〇代とか二〇歳前後のときに聴いたよりも後には、音楽の思い出がなかなか更新されない、ということのようです。自分にとって大事な音楽の好みが、だいたい二〇歳くらいまでにかたちづくられてしまって、それ以降は更新されない。新しいアーティストに乗り換

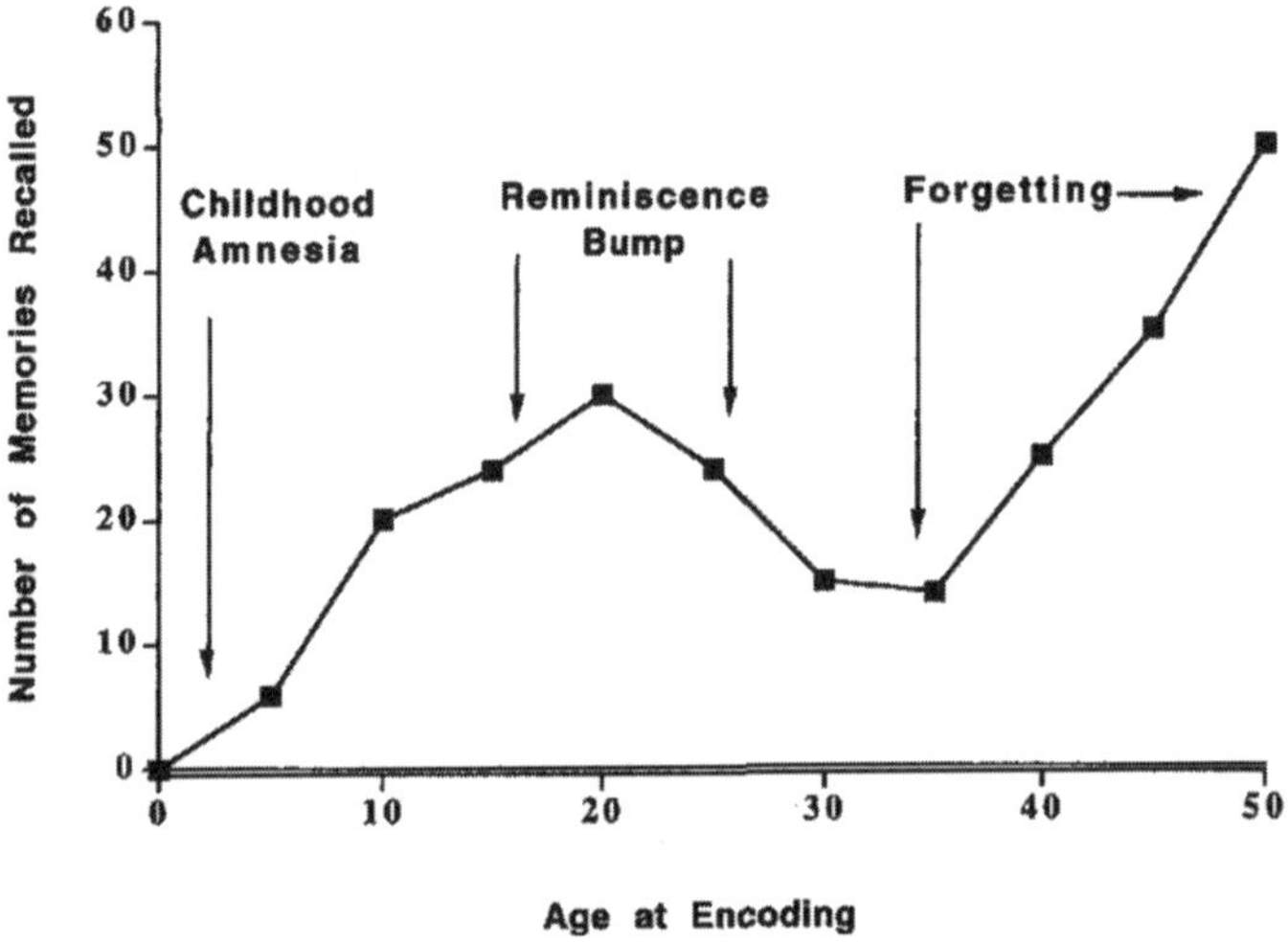

図5　レミニセンス・バンプ（Conway, Martin A. and Pleydell-Pearce, Christopher W. "The Construction of Autobiographical Memories in the Self-Memory System", *Psychological Review*, 2000, Vol. 107, No. 2, 278.）

えていくよりは、自分が一〇代のときにすごく好きだったアーティストの新譜を聴いていく、そういうファン行動やリスナー行動をしているんです。

　日本の場合は団塊、バブル、団塊ジュニアなどの世代の呼び方がありますが、アメリカのピュー・リサーチ・センターというところのジェネレーション別の図をここで紹介します（図6）。アメリカで今、注目されているのは、アメリカ全体の人口の四〇%以上を占めるミレニアル世代・Z世代の消費行動です。日本はわりあい高齢化社会ですので、ミレニアルとZ世代を足してもまだ三〇%くらいしかなくて、消費者としてなかなか注目されません。ミレニアル世代はどのような価値観を持っているかというと、モノを買わないんですね。CDも買わなくて、モノよりもコト、体験消費といわれる志向です。それがZ世代はデジタル・ネイティヴということもあり、加速しているようです。実際にアメリカではCDショップがどんどん

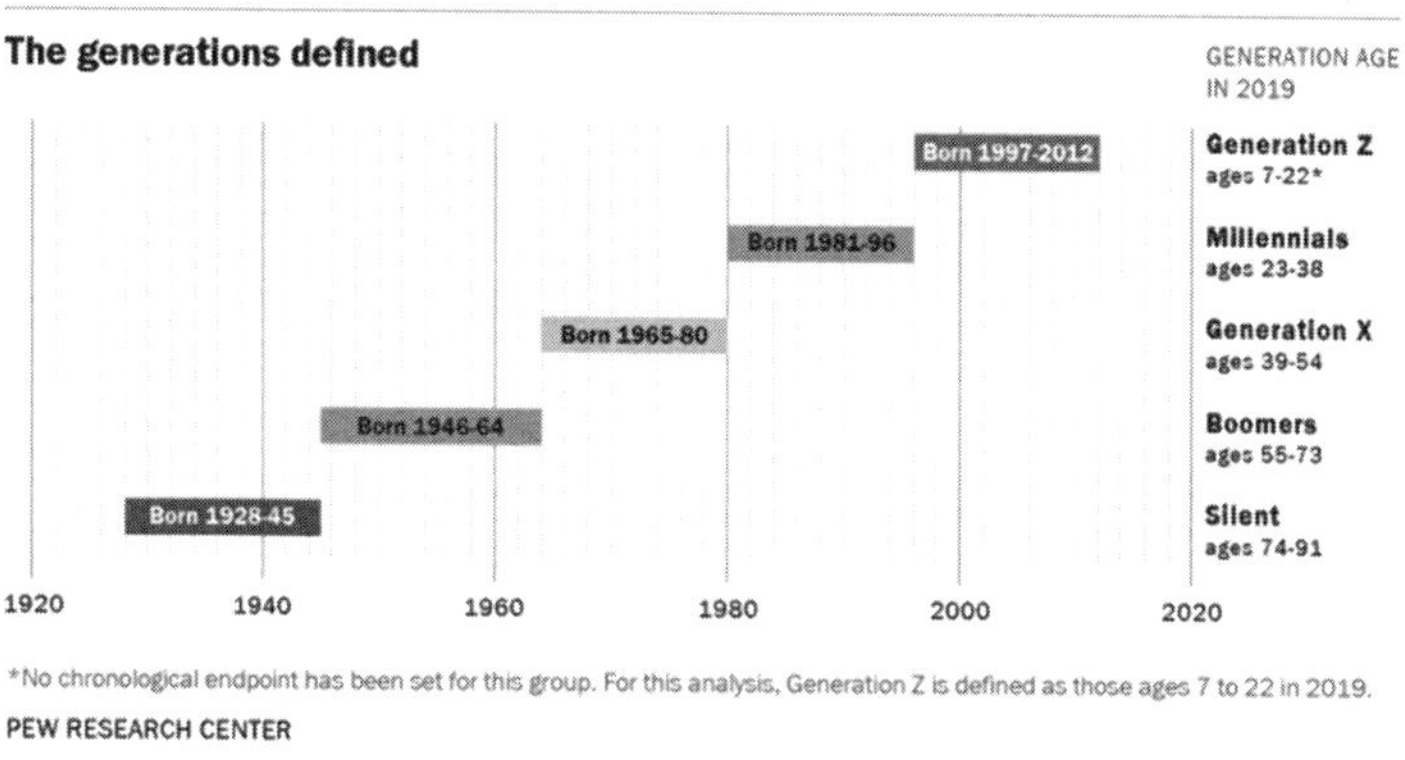

図6「世代」の定義（「DEFINING GENERATIONS: WHERE MILLENNIALS END AND GENERATION Z BEGINS」PEW RESEARCH CENTER）

閉店していますし、売れるのはむしろレコードだといわれていて、今、シティ・ポップが世界中で響いているとすれば、ジェネレーションXとかベビーブーマーと呼ばれるような世代が支えているのではなくて、ミレニアル世代とかZ世代が聴いているということが大きいと思うんですね。シティ・ポップのリスナーの世代交代が日本以上に進んでいるんじゃないかというふうに考えています。

そこで次に紹介するのが、ニューヨーク大学のウェブサイトが二〇一九年に発表した「When a Generation Loves a Previous Musical Era: Millennials' Recognition of 1960s–1990s Songs is Notable（若者が年長世代の音楽を愛する時――一九六〇年代から一九九〇年代の音楽がミレニアル世代に目立って認識されている）」（二月六日）というニュースリリースです。これは、ニューヨーク大学心理学部の准教授らによる研究で、一九四〇年から二〇一五年までのビルボード一位の曲を平均年齢二一歳の六四三名の若者に聴いてもらったところ、自分たちが生まれる前の音楽の認知度が高いという調査結果が出た、という報告です。とりわけ一九六〇年代から九〇年代までの四〇年間の音楽をミレニアル世代やZ世代の被験者たちは好んでおり、わざわざ遡って古い音楽を選択しているのです。自分たちが生まれるよりも前の音楽、例えば八〇年代生まれなら、なぜ六〇年代とか七〇年代の音楽が懐かしいのか。どうもそこには家庭環境のようなものが絡んでいそうなんです。

音楽の流行には二五年周期みたいなものがあって、理論的にも検証できるんですが、先ほど見ていただいた「レミニセンス・バンプ（記憶の隆起）」という、人が二〇歳のときに聴いていた一番好きな音楽が一生ついて回ることに加えて、親の世代が聴いていた音楽もまた懐かしいと、そういった結果がたくさん出てきているところです。「階段状に連続する記憶の隆起（cascading reminiscence bump）」という二〇一三年の研究でも、一九九一年生まれの学生の親は平均して一九六〇年生まれで、やはり親が青春時代に聴いていた一九八〇年〜八四年の音楽に特別な親近感を感じて懐かしいそうです（Krumhansl, Carol Lynne and Zupnick, Justin Adam "Cascading Reminiscence Bumps in Popular Music, *Psychological Science*, 2013, Vol. 24, Issue 10, pp. 2057–2068.）。自分が生まれた年よりも一〇年ほど前の音楽、つまり親が二〇歳くらいのときに聴いていた音楽を学生が懐かしいと感じているわけなんですね。さらに一九六〇年代に祖父母が聴いていた音楽にも、小さな「レミニセンス・バンプ」が認められるそうです。ですから「レミニセンス・バンプ」というのは、もともと記憶量の山（ピーク）はひとつだったはずなのですが、その山が二つとか三つになって、六〇年代の音楽、八〇年代の音楽、そして現在の若者というふうに、波のように二五年周期くらいで「懐かしさ」が戻ってきているということが報告されています。親が子育てする年齢の二五歳ごろに子どもに聴かせる音楽の影響を指摘する研究もあり、音楽の領域以外にはこうした世代間の記憶の伝承が階段状に連続するケースは見られないということです。認知科学では、生まれる前の曲が懐かしい謎が解き明かせるところまできています。

上書きされる都市のイメージ

若者にとっての音楽の懐かしさが今、どうなっているのかを、「専念聴取」と「非専念聴取」

の話に戻って考えてみます。この講義をしている二〇二二年はコロナ禍なんですけれど、ちょうど私のゼミの学生が今年度、SNSを活用した音楽プロモーションについての卒論を書きました。そのなかでシティ・ポップのことも書いてくれたんですが、このゼミ生が注目したのが「ローファイ・ヒップホップ」というジャンルです。これは若い世代の人のほうが知っていると思いますが、ローファイ・ヒップホップは部屋で静かにBGMみたいに聴くための音楽で、私は聴いているとこのまま眠ってしまいそうなんですけど（笑）。常時二万人以上の方がライブ配信を視聴していて、今、コロナ禍で世界中の若い人たちも含めてステイホームの時代にとても聴かれているチャンネルのひとつだそうです。

コロナ禍で家に若い人たちが閉じこもって、とても孤独感や寂しさを感じているなかで、ずっと二四時間ライブ配信されているので、こうしたローファイ・ヒップホップのチャンネルを聴きながら、チャットでお話ししたりすることによって、一種のオンライン上のコミュニティが形成されていく。ローファイというのはデジタル化で極限まで音質が高まったハイファイに対する反動で生まれてきているような、ヒップホップ・カルチャーとも関連する傾向でしょう。わざと音質を荒くして静かにビートを刻むようなBGMは、音楽がすごく「環境化」していることの表れだとも思います。

アンビエント・ミュージックや音楽の環境化ということは、シティ・ポップが誕生して発展したころと同じくらいの時代からいわれていました。いろんな音の要素がサウンドスケープのなかにますます融合されて断片化し、若い人たちの間でシティ・ポップがローファイな音楽とかローファイ・ヒップホップと同じような感覚で二〇二〇年代に復権している。どこにもない都市、実体のない都市をシティ・ポップが歌ったのだとすれば、そこにはどんなイメージが上書きされているかを考えることができると思うんですね。

「パリンプセスト」というものがあります。世界史で羊皮紙について習われたと思いますけど、書いていく素材さえも貴重であった時代には、羊の皮に一度文字を書いて消してまたどんどん上書きしていくということをしていました。これがパリンプセストです。

パリンプセストと同じ様に、東京という街のイメージも、いろんなジャンルの歌手によって歌われてきました。ある人にとっては消去したいような記憶、あるいは上書きされていくような記憶が積み重なって、都市の歴史や記憶というものはかたちづくられていきます。そのプロセスで音楽が果たしている役割を、「Music」というよりは「sound」として、環境的に捉えていく必要があると考えています。それはアナログとデジタルの両方から考えることができるでしょうし、聴こうとしていないのに非専念聴取・周辺的聴取として耳に入ってきた音と、今、都市において人びとがどういうかたちで音を再生させているかということを、シティ・ポップを出発点にメディア史的に捉えていきたいと思います。

八〇年代はCMと音楽とのタイアップが隆盛してきた時期です（小川博司ほか『メディア時代の広告と音楽――変容するCMと音楽化社会』新曜社、二〇〇五年）。それ以前にも化粧品会社などは広告出稿サイドが音楽提供サイドにお願いして「イメージ・ソング」というものをつくってもらっていました。キャッチコピーみたいなものも音楽とセットであって、そのあと一九八五年ごろから音楽提供サイドが広告をプロモーション戦略で利用（放送使用料の値下げや、無料で楽曲提供を許諾したことも）するタイアップの時代になっていくんですけれども、日本の広告産業や音楽産業構造のなかで、なぜシティ・ポップがCM音楽として好都合だったのかということも考えてみます。

それは逆から言えば、シティ・ポップ以外の音楽は特定の街やイメージが指定されているようなところがあって、サザンオールスターズがシティ・ポップに含まれていないのは、湘南のイメージと直結しすぎていて、抽象度が低いからだと考えられます。けれども、シティ・ポップは、例えばはっぴいえんどの曲に比べると、山下達郎の曲は「聖地巡礼」がしづらいと思うんですね。なぜならそれは特定の場所にとらわれないで空間として抽象化されているからであって、海外でシティ・ポップが流通している要因としてはそのことも大きいです。そこに八〇年代のタイアップ・ソング、イメージ・ソングでシティ・ポップが使われていたということはやはり重なります。というのは、CMで強調しなければならないのは商品。消費社会のなかで聞かれる音楽が自己主張してしまったら商品がクローズアップされないので、歌手が覆面シンガーになってでも、消費社会のなかでモノを浮き立たせるためのBGMがシティ・ポップであったわけです。つまり、抽象度が高いことが、今、海外でシティ・ポップが流通している理由としても大きいのかなと思います。

音楽はなぜ場所を必要としなくなったのか

なぜシティ・ポップ以降、音楽の抽象度が高まっていったのかを考えるために、九〇年代の音楽についても考えたいと思います。まず九〇年代はベスト盤が売れた時代でした。例えば竹内まりやさんの『インプレッションズ』（一九九四）は三〇〇万枚以上売れたベスト・アルバムです（「『無党派』化するファン　ジャンルは問わず」メガヒットの時代：中、『朝日新聞』一九九五年一一月二二日夕刊）。それまでの時代は、ファンなら好きなアーティストのアルバムを全て持っていたのでベスト盤は売れなかったんです。けれども『インプレッションズ』は、みんなが耳にしていたタイアップ・ソングを集めたようなベスト盤だったので、歌う姿をテレビで見ていなくても、音で知っていたということで売れたんですね。同じように山下達郎さんも『TREASURES』というベスト・アルバムを九五年に出しました。実はこの時期、山下達郎さんはほとんどオリジナル・アルバムを出していなくて、八〇年代の最後に『僕のなかの少年』（一九八八）というアルバムを出していますが、このオリジナル・アルバムがあまり「夏だ、海だ、達郎だ」的な明るいイメージじゃなくて、内省的な音楽だったので（私は名盤だと思いますが）、当時は評価されなかったと山下さん自身がラジオで話されていました。とくに一九九五年から九七年までは山下さんにおける「空白の三年」といわれていて、オリジナル・アルバムをつくっていなかった時期でした（「ミュージシャン　山下達郎：中」逆風満帆、『朝日新聞 be』二〇一五年八月二二日）。子育て中だった竹内まりや、空白期間の山下達郎がそれでも忘れられなかったのは、CMやTVドラマとのタイアップでずっと二人の音楽が耳には残っていた、覆面シンガー的に残っていたということが大きいと思います。

あと、九〇年代はV. A.（Various Artists）と表記される、いろんな歌手が参加したコンピレーション・アルバムも隆盛だった時代です。こうした企画盤は、今のプレイリスト文化にもつながります。「パワー・プレイ」のような海外ではよくラジオなどでやっている、同じ曲を何度もかけてヒットに導くという「ヘビー・ローテーション」文化も生まれて、ゆずのようなネオ・フォークのデュオが大阪のＦＭ８０２のヘビロテをきっかけにブレイクしました。九〇年代はＺＡＲＤ、ＷＡＮＤＳ、大黒摩季といったビーイング系も出てきました。八〇年代にはまだリスナーが音楽を選ぶ余地があってエアチェックをしていたのが、九〇年代になったら音の洪水のようにメディアから音楽がどんどん押し寄せてきて、あまり考える暇もなく聴く、という時代になっていました。レンタルＣＤ店も広まり、ＣＤを一週間借りて、聴き飽きたころにまた次のシングルやアルバムを借りるというサイクルで、慌ただしい聴き方が定着したことも、九〇年代の特徴です。シティ・ポップの後継者としてのＪ－ＰＯＰが、日常生活のなかでますます断片化して聴かれるようになっていきました。

音楽とどのように出会うのか

音楽の記憶の定着には、誰といつどこで聴いたかということが重要です。子どもが音楽に触れる最初のきっかけは、多くの場合、親と聴くことから始まります。先ほど、若者が自分の生まれる前の音楽を懐かしく感じるという研究結果をお話ししましたが、家族と聴いている音楽がしだいに友だちとか恋人とかと聴く音楽へと移っていくなかで、それとは別に八〇年代なら八〇年代、九〇年代なら九〇年代という文化として残っている時代の壁紙のようなサウンドスケープがあって、こうした記憶をそれぞれ、個人的記憶・集合的記憶・文化的記憶というように分けて呼んでいます。それから、親と子どもが一緒に聴くという組み合わせも重要で、親の好きな音楽がそのまま消費されて忘れられるのではなくて、親世代の歌が学校の教科書に載っていたりとか、あるいは卒業ソングとして定着していたり結婚式で歌われたり、ライフイベントと音楽が結びついている。シティ・ポップの場合はあまり結びついていないと思いますが、星野源さんはラジオで「親が運転する車の中で、親はジャズが好きではあったんですが、それとともに日本の音楽も流していて、そのなかに（山下）達郎さんのカセットがあって、六〇年代くらいのジャズとともに、達郎さんの音楽を移動しながら聴いたりしておりました。なので、物心ついた時からずっと達郎さんの音楽を聴き続けていた」と話していました（NHK-FM「今日も一日〝山下達郎〟三昧2022」六月二五日放送）。やはりここでも、シティ・ポップと都市の移動が結びついて、親世代の音楽が子世代に受け継がれている様子が分かります。

中目黒にある「waltz」というカセットテープ専門店のオーナーの角田太郎さんがおっしゃっているんですが、海外でもテイラー・スウィフトみたいな人がカセットテープで新譜をリリースするような時代になってきたそうです（「カセットテープ専門店『waltz』でドライブにオススメのカセットを聞いてきた　前編」カーセンサー、二〇二一年五月一五日）。それは親から古い車を譲り受けると、カーステレオがカセットだからという理由がひとつあるそうですが、今、人気の歌手が若い人向けにカセットをリリースしているのは興味深い現象です。それから、ミュージシャンがカセットテープで新譜を発売するのはランダムアクセスされないためともいわれています。今は一曲買いとか、デジタル化で聴く単位がますます細分化されているので、アルバムの曲の順番どおりに聴いて欲しいと思うのがアーティストのプライドだということです。ランダムアクセスされないように、ローファイ化とかアナログ化も復権しているのかなと思います。

第6講

上京者のポップ

そしてディスコから見たシティ・ポップ

輪島裕介（わじま・ゆうすけ）

1974年石川県生まれ。大阪大学大学院人文学研究科芸術学専攻教授（音楽学）。専門はポピュラー音楽研究、近代音曲史。著書に『創られた「日本の心」神話——演歌をめぐる戦後大衆音楽史』（光文社新書、2010）、『踊る昭和歌謡——リズムからみる大衆音楽』（2015）、『昭和ブギウギ——笠置シヅ子と服部良一のリズム音曲』（以上NHK出版新書、2023）など。

今回まずはシティ・ポップといまわれわれが呼んでいるものがかたちづくられるまでに、東京という場所がどのように描かれてきたのか、歌われてきたのかについてお話したいと思います。そのうえで、現在シティ・ポップと呼ばれているものの一つの「起源」について、私自身の仮説を述べてみたいと思います。

ある時期以降シティ・ポップと呼ばれるようになったような音楽が、それ以前の流行歌や歌謡曲、ひろい意味でのポップ・ソングとどういう関係にあったのか、どう連続してどう違っているのかを考えていければと思います。それから、プレイリストを作ったので、話をざっくり聞いてもらったうえでプレイリストを楽しんで聴いてみてください。

本講義のプレイリスト

シティ・ポップは東京の音楽なのか？

東京とシティ・ポップの関係というのは自明のようだけれども、果たしてそうなのか、というところを問うところから始めたいと思います。言い換えるのなら、シティ・ポップは東京の音楽なのか？ もしどうならどういう意味で東京の音楽なんだろうか？ ということです。

シティ・ポップの音楽の作り手のなかに東京出身者が多いということは間違いない事実です。さらに言えば、東京の有名私立大学、あるいは附属校のネットワークやサークルが中心になっている。作り手が東京出身であるということは事実であるし、それはとても大きな特徴ではあると思う。しかしながら、シティ・ポップと呼ばれる音楽が特に東京でよく聴かれていたのかというと、正直ちょっとわからないところがあるんですね。ちゃんと統計的な資料などを見ているわけではないんですけれども、むしろ、都会的なイメージを強調することで、全国的に売れていたみたいなことがあったのかもしれない。

これはかなり問題含みの発言として紹介するのですが、東京のおしゃれな人たちはシティ・ポップを聴いてなくてふつうに洋楽を聴く。あれは地方の、田舎の人たち向けに都会っぽい雰囲気を与えるものだよね、洋楽を聴ける環境にあるひとは洋楽聞いてりゃいいんだから（笑）というような話を、けして母数は多くないけれども複数の人から聞いたことはあります。つまり、限りなく洋楽に近い邦楽としてのシティ・ポップというものが、誰にアピールするものだったのかということをもうちょっと考える必要があるなと思っています。

加えて、いわゆるシティ・ポップと呼ばれる曲群のなかで、東京が直接歌われているものはけして多くありません。すぐに思いつくのは鈴木茂さんの〈ＴＯＫＹＯ・ハーバー・ライン〉（一九七六）や、角松敏生さんの〈TOKYO TOWER〉（一九八五）、そのぐらいしかない。シティ・

ポップのシティ性というのは、東京をそれ自体として歌うということよりも、ビル街のまたたきや、そこから抜け出して行く海辺のリゾートみたいな「おそらくは東京圏で目にしている景色」を媒介にして、アメリカのニューヨークの摩天楼や西海岸のビーチのイメージを見渡すことにあると思います。具体的な場所を暗示していなくても、あるいは、実際には東京の景色に触発されたものだったとしても、想像上のアメリカの光景を内面化した、そういう歌詞がすごく多いですよね。たとえば南佳孝さんの『SOUTH OF THE BORDER』（一九七八）。「国境の南」というタイトルで、収録曲ではラテンやボサノヴァの曲調がいっぱい使われている。そこで言う国境はどう考えてもアメリカとメキシコあるいはキューバの国境のことですよね。日本の国境の南は海だし、その向こうは台湾やフィリピンやパプア・ニューギニアです。そこでは擬似的にアメリカ目線に立っている。さらに意地悪くいえば必ずしも具体的にメキシコやキューバを思わせる曲調が多いわけではないところも、アメリカ合衆国からみたざっくりとした「ラテン＝南」イメージを追認しているかもしれない。つまり、シティ・ポップはリアルな当時の東京を歌うというよりは、東京の都市の風景を通じて、憧れのアメリカの都市空間に思いを馳せるような、そういう構造になっているといえそうです。

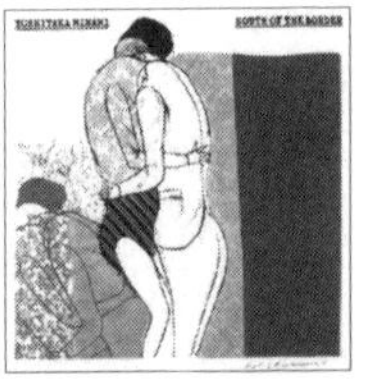
南佳孝『SOUTH OF THE BORDER』(1978)

欧米に憧れ続けた日本文化

ただし、このような都市のあり方はおそらくシティ・ポップに限定されたものではないと思います。東京自体がいわゆる欧米、西洋の先進的な情報に開かれている街として特徴づけられるのは、近代以降の日本の文学でも美術でも、知識や文化の生産という点ではそうだったんじゃないかと思います。

つまりシティ・ポップにおいては「洋楽に対する距離が一番近いということ、それこそが東京らしさである」という奇妙な、ねじれた意識がとくに作り手の側で共有されていたのではないかと考えられます。作り手たちは東京独自の音を作るというよりは、西洋文明への窓口としての東京で、自分たちが憧れお手本とする洋楽の音に限りなく近づくことを目指し、再現しようとしていたのではないか。洋楽に一番近い街である東京で制作される、洋楽に一番近い邦楽としてのシティ・ポップ、という位置づけが見えてきます。

このことを考えていくためには、明治以降の教育システム、欧米の文化の導入の方法など、そういう問題を背景に含めて日本の音楽を考える必要があるかもしれません。たとえば晩年の大瀧詠一さんがされていた日本ポップス史はそういう試みだったと思いますが、個人的には専ら洋楽の受容史として明治以降の日本のポップ音楽を考えるというやり方に挑戦したいという気持ちがとてもあります。洋楽の影響はもちろんあるんですけれども、そこに近づこうとしてきた歴史というよりは、その影響を咀嚼《そしゃく》したり変なふうに作り変えたり、もともとあったものと混ぜ合わせたり、そういうことの連続のなかで捉えていきたいと思っているので、洋楽に限りなく近づくことを目指す音楽という意味でのシティ・ポップについて、ちょっと微妙で複雑な思いをもっているというのが私自身の立場です。

しかし、そういうふうに欧米文化、先進国のより進んだ文化の受容地としての東京というものが歌のなかで描かれる、表現されるのは、実はシティ・ポップにはじまったことではありません。

「東京」はどう歌われてきたか

歌われる東京のイメージがどういうふうに変わっていったのか。それから、いまわれわれがシティ・ポップと呼んでいるものの形成過程について、洋楽に憧れるマニアックなリスナー型の作り手の仕事がしばしば注目されるわけですけども、そうではなくて、もっと即物的に「日本で洋楽をつくろう」とした人たちがいました。そういうものが、じつはいまわれわれがシティ・ポップと呼んでいるものの形成においては、いわゆるアーティスティックな創造性や、洋楽に近づきたいという強い憧れと同じくらい重要だったのではないか、というのが私の立場です。

日本では昭和のはじめに「流行歌」というものができます。それはそもそも「国産洋楽」としての性格をもっていたのではないか。流行り歌、大衆的な歌謡というものはいつの時代もあるんですけれども、これがレコードに録音されてレコード会社によって新作されるという点で、これまでの他のあり方とは大きく違ってきます。さらに、それらのレコード会社が「外資系」

だったことが重要です。関東大震災のあと、コロンビア、ビクター、ポリドールといった欧米のレコード会社が日本に入ってきます。そのときに、発明されたばかりのマイク録音の技術も持ち込まれた。それから、それに適合する、日本では和製英語で「ジャズ・ソング」って呼ばれたポピュラー・ソングがあります。アメリカにおける「ティン・パン・アレー」というヒット・ソングを作るメソッド、フォーマットが確立された、均一化された大衆歌謡のスタイルが導入されるわけです。それはそもそも、アメリカ型のポピュラーソングを日本国内のレコード会社でノックダウン生産するような産業的発想に基づいていますし、そこで歌われる内容も、都市のモダンな風俗を歌うものだったんですね。「狭いながらも楽しい我が家」と新興中間層の核家族的な恋愛と結婚を寿ぐ〈私の青空〉というアメリカ楽曲の日本語カバーが、外資系レコード会社最初の大ヒットとなったことは象徴的です。

ポップ音楽というものをレコード商品として流通する音楽ととらえるならば、その意味で日本のポップ音楽は最初からシティ・ポップだったと言えるかもしれません。〈東京行進曲〉（一九二九）では「ジャズで踊ってリキュルで更けて　明けりゃダンサーの涙雨」と七五調で歌われていますけれども、地下鉄とか銀座とか丸ビルとか浅草とかを題材にしていて、歌詞のシティ感が非常に高い。この歌は、最後に新興の都市として新宿が歌われていて、「いっそ小田急で逃げましょか」という駆け落ちまたは婚前旅行を暗示させる歌詞がけしからんということで、ラジオで放送休止になります。つまりはエログロナンセンスといわれたそういう時代の都市的な、都市の享楽的な生活を歌うものとして流行歌がはじまってるんですね。

ただし、そのいっぽうで、都市の人びとが理想化した地方を歌う歌謡のスタイルというのも、昭和初期のポップ音楽の重要な構成要素としてありました。先程述べた〈私の青空〉と並んで、「砂漠に日が落ちて」と幻想的な異郷としての中東の風景を歌うアメリカ曲（ただし現地ではまったく流行しなかった）〈アラビヤの歌〉がヒットしたこととも関わっているような気もしますが、それはちょっと図式的な解釈にすぎるかもしれません。

都市の文人が見ていた地方の像が東京に対して移されるような場合の例として、一九三三年の流行歌〈東京音頭〉が挙げられます。わざわざ紹介するまでもないくらいに有名なものですけれども、いわゆる民謡ではなくて、新作の民謡でいわゆるポピュラー音楽、レコードを前提として作られたポップ・ソングなわけです。これを歌っているのは小唄勝太郎という歌手で、霞町の芸者さんだったんですけども、もともと新潟の出身で、新潟の民謡である佐渡おけさを歌うのがとても上手だったそうです。勝太郎の最初のヒット曲が〈島の娘〉（一九三二）という、伊豆大島を歌った歌なんですけれども、一応、伊豆大島は行政区分的には東京ですけれど（笑）、基本的には都市の視点で描かれた田舎情緒を歌う、というものです。そうしたお座敷調の新民謡の流れで、帝都・東京が歌われている。

〈東京行進曲〉のような都市のモダンな享楽を歌うありかたと、〈東京音頭〉のように田舎風の、三味線音楽の伝統に即したような曲調で東京を歌う、という対があるわけです。ただしこれは、当時においては、単純な意味での田舎と都会の対比というよりは、都市の娯楽文化のなかの西洋的な側面と、伝統的な在来の側面の同居として捉えたほうがいいように思います。つまり、カフェやダンスホールにも行くけれども、お座敷で芸者さんと遊ぶこともする。これはまったく自然に両立しうるわけですよね。これらの洋風と和風の差異は、都会と農村の間の階層的な差異や格差といったものをあらわすのではなくて、どちらも多分都市の中間層より上の人たちの、和洋折衷、または和洋両刀の娯楽的な感覚と結びついていると思います。

都市のモダン文化のなかで東京を取り上げることは、占領期にも多く見られます。〈東京ブギウギ〉（一九四八）、〈東京の屋根の下〉（一九四八）、〈東京シューシャインボーイ〉（一九五一）あとは美空ひばりの〈東京キッド〉（一九五〇）ですね。おそらくは占領軍からの音楽的な影響があってのことでしょうけど、洋楽的な、当時の最先端の流行をとりいれてそれに「東京」とつけるタイプの曲も増えてきます。

『アンナ』（一九五一）というイタリア映画のなかで、ブラジルのバイヨンという当時流行りのリズムが取り入れられていますが、それをもとにした〈東京アンナ〉（一九五五）という歌謡曲がヒットしたということもありました。大津美子という、美空ひばりと同じくらいの世代の人ですね。バイヨンでいえば、生田恵子という人が一九五一年にブラジルに日系人向けのコンサートに行っており、そこでバイヨンの王といわれたルイス・ゴンザーガと現地録音している、ということがあります。一九九〇年代の末に現地録音曲を含むコンピレーションCDが発売されて、一部の人びとの度肝を抜いたんですが、「東京バイヨン」とか「東京ティティナ」とかそういうタイトルの曲が含まれている。これらは現地録音ではなくて国内制作曲ですが。そもそもコンピのタイトルも『東京バイヨン娘』ですね。「東京」プラス「新奇なリズム名」プラス「娘」

というタイトルは〈東京ドドンパ娘〉（一九六一年）などに踏襲されていきます。もちろんこれは「東京キューバンボーイズ」「東京パンチョス」「東京ビートルズ」というバンドのネーミングのセンスにもつながっていきます。海外で流行っている音楽スタイルや場合によってはバンド名をそのまんまもってきて、それに「東京」とつけるわけですね。さまざまな洋楽のノックダウン生産を行う場としての東京、と言い切ってしまうと意地が悪いですが、でもそういう意識があったのだと思います。後の時代になると、そういう東京＋カタカナであらわされる「東京なんとか」という名称自体がノスタルジックかつキッチュな感じで、八〇年代以降パロディ的に使われていったりしますよね。バンドの東京ブラボー（一九八一～一九八四）とか東京タワーズ（一九八二～一九八四）それからなんといっても岡崎京子の『東京ガールズブラボー』（一九九三）ですね。

変化していく流行歌

昭和三〇年代になると、流行歌というもの自体が農村を主題にしたものになっていきます。農村に住んでいる人や、農村から都会に出てきた人を歌の主人公にする。それだけではなく、戦前とはおそらく違って、聴衆としても重要なターゲットとしてゆく。そういう背景のなかで、流行歌の中での「都会調」と「田舎調」という分類、区分がかなり同時代的にはっきりと意識されるようになってゆくんですね。都会調とは、洋楽の音楽スタイルを取り入れたもので、ナイトクラブ、ネオンサイン、東京タワー、テレビ塔とか、そういう都市の風俗やものを主題にする。ここで面白いのは、特定の音楽スタイルもさることながら、発声法及び声の音域と結びついていて、都会調というのはイコール低音で歌うことだ、という観念が強くあったことです。最も典型的にはフランク永井ですが、石原裕次郎や水原弘もそうですね。

一方で、田舎調っていうのは、日本民謡風の男性の高い声が中心なんですね。なんといっても三橋美智也のあのカーンと抜ける高音です。小林旭もそうですね。高い声と低い声というのが、田舎調と都会調という区別と結びついていくわけです。低音の魅力、という言い方が当時あったわけですけれども、日本の伝統的な邦楽の感覚のなかで、低音を愛する、低音の声を愛好するっていうものはそれまでなかったものでした。

低音歌手の人気というのは、日本の音楽趣味がすこし西洋に近づいたということなのでいいことなんだと解釈するような園部三郎という音楽評論家もいたりします。この人はばりばり左翼の立場で、日本の大衆音楽についての著作もいくつかある人なんですけれども、基本的にはもともとの日本趣味というのは封建的で低俗でよくなくて、西洋的なほうに近づくのがいいんだ、という意見の人です。日本の流行歌はあんまりいいものではないんだけれども、最近低音で歌う人たちが出てきて人気を集めているというのは、これは数少ない望ましい兆候である、と。

一方で田舎調というのはしばしば民謡調とも言い換えられます。実際、都会調と民謡調という名で分けている場合もあります。このスタイルは、民謡出身の三橋美智也が爆発的な人気を博すなかで定着してゆきます。曲調としては、美文調の詞というよりは口語の、しばしば方言が入った、コロキアルな親しみ深いフレーズを使うというのが特徴で、作詞家の高野公男、作曲家の船村徹、歌手の三橋美智也が揃った〈ご機嫌さんよ達者かね〉（一九五五）などが典型ですね。春日八郎〈別れの一本杉〉（一九五五）も高野・船村コンビです。女性歌手では島倉千代子。彼女は東京出身ですけれども、彼女が歌う歌は、田舎から出てきた若い娘の心情とか、都会に出ていく恋人をしみじみ思い出す田舎の娘とか、そういう主題が多い。それから先程も名を挙げましたが、小林旭という歌う映画スターの存在は重要です。低音で都会的な歌を歌う石原裕次郎に対して彼は映画のなかで「渡り鳥」として日本中を旅しながらご当地の民謡や俗謡の替え歌を歌いまくる。若い方のために一応断っておきますと、石原裕次郎と小林旭は同じ日活という映画会社のスターでした。小林旭は当初、あきらかに石原裕次郎のヒットを受けて、それほど高音を強調せず都会的な感じで歌っていたんですけれども、三橋美智也の高音歌唱や江利チエミの民謡のジャズ編曲が流行っていたこともあり、もともとの高音を生かして「ダンチョネ節」などの民謡をやってみたら、それが見事にはまってああいう感じになったわけです。小林旭は世田谷出身だったと思うんですけれども、実際の出自と音楽的な特徴は必ずしもかかわりないわけです。

田舎調では東京に出てきた人が故郷を思う、または故郷に残った人が東京に行ってしまった人を思う、というかたちで東京が描かれます。一方、都会調は東京を非常にモダンなものとして、美しいものとして歌う傾向が強いのですが、代表的なものとして〈有楽町で逢いましょう〉（一九五七）、〈東京ナイト・クラブ〉（一九五九）などがあります。〈東京ナイト・クラブ〉のアレンジを聴いていただくと、マンボなんですよね。当時の流行の洋楽スタイルを最新ではないけれどちょっと遅れて、でも積極的に取り入れているところがある。〈有楽町で逢いましょう〉と〈東京ナイト・クラブ〉はいまだと「ムード歌謡」ということでおっさんっぽいものという印象があると思いますけど、当時の映画なんかを見ていると、都会の若者のおしゃれな恋愛を描いたものだったりするわけですね。石原裕次郎の〈銀座の恋の物語〉（一九六一）も、カラオケでのデュエットみたいな印象で、これもおっさん的な感じがするかもしれませんが、当時流行の洋楽を大々的に取り入れた都会的な曲調であって、特に同名の映画のなかでの曲の使われ方なんかも考慮すると、昭和三〇年代におけるシティ・ポップとしかいいようがないものなんです。

都市の歌＝ご当地ソング

では「銀座」や「東京」が歌われているのを、なぜいまわれわれがダサい、おっさんくさいものと感じるようになったのでしょうか。それは東京の盛り場を歌うこうした都会調の流行歌の特徴というのが、一九六〇年代の半ばから後半くらいにかけて、一気にいわゆる「演歌」の一部としての「ご当地ソング」に包摂されていくからなんですね。昭和四〇年代のご当地ソングの曲調として、昭和三〇年代の都会調の流行歌の定番スタイルが慣習的に使われるようになったということです。昭和三〇年代には本当に都会的だったものが、四〇年代には慣習的な曲調として全国の盛り場を歌うようなものになった。〈柳ヶ瀬ブルース〉（一九六六）、〈中の島ブルース〉（一九七三）、〈長崎は今日も雨だった〉（一九六九）といった例が挙げられますね。

そういうなかで、ラテンを取り入れたタイプの都会調の流行歌〈コモエスタ赤坂〉（一九六八）、〈ラブユー東京〉（一九六六）というものも出てきますが、ラテン系のムード・コーラスが、水商売臭い、おっさん臭い、ちょっとダサいものになっていく。ただしラテン音楽というものも、六〇年代初頭においては非常に新しい、かっこいい流行だったわけですね。そういうものと関わるようなかたちで、東京を歌った〈ウナ・セラ・ディ東京〉（一九六三）とか、〈ワンレイニーナイトイン東京〉（一九六五）っていうふたつの曲が、東京オリンピックに前後してぐらいに流行ります。これらは、オリンピックによって世界都市の仲間入りした東京、という自画像を肯定するような感覚を体現していますね。

どちらも日本で作られた曲なんですけれども、それを外国の歌手にカバーさせることで、それが国際的なポップ・ソングであるという印象をより強めるのが面白い点です。とくにイタリアの歌手、ミルバが歌った〈ウナ・セラ・ディ東京〉はそれまでの日本の流行歌にはない国際的な性格をアピールしていたんですね。こういうものが無国籍歌謡、当時の言葉で「和製ポップス」といわれました。ある時期までは「ポップス」という語がそのまま洋楽だけを指していたんですよね。「ポピュラー」っていう言葉がそもそも洋楽を意味していたので、「和製ポップス」は日本で作られた洋楽曲という意味です。そのなかで外国の歌手が歌うほど、より本格的に西洋化された曲みたいな認識ができていきました。

それからビートルズが、ニューヨークやロンドンではなくリバプールという比較的人口の少ない小さい都市からでてきた。リバプールから世界的なスターが出てくるんだったら、東京もリバプールに次ぐ新たな発信地になれるんじゃないか、なったらいいなあ、ということで、ザ・スパイダースというグループがデビューしたときに「東京サウンド」を名乗ります。リバプール・サウンドを念頭に置いて、リバプールの後を追うという意図でもってアルバムがつくられたんです。全曲自作曲で英語で歌っています。これはいわゆるグループ・サウンズ（GS）ブームにつながっていきますが、もう一方では英語で歌ういわゆるニューロックの流れにもつながっていきます。

スパイダースのソングライター、ムッシュかまやつはユーミンを見出したり、いまわれわれがシティ・ポップと言っているものの形成にもすごく大きな役割を果たしていますよね。ちなみに、角松敏生やオメガトライブ、それから菊池桃子をプロデュースしていた、つまり現在の意味でのシティ・ポップの大立者の一人である藤田浩一という人は、七〇年代にムッシュのマネージメントをやっていました。

フォークソングの中の都市

七〇年代に入っていきますと、フォークソングがあらわれてくる。「カレッジ・フォーク」と「アングラ・フォーク」という区分を聴いたことがある方は多いんじゃないかと思います。カレッジ・フォークというのはおもに東京圏の名門私立のサークルとかからでてきているような、非常に清純で健康的な感じの、よりアメリカ志向の強い、ピーター・ポール&マリー(PPM)のような音楽をより直接的にカバーするようなもの。対して関西のアングラ・フォークっていうのはオリジナル志向、土着志向が強いというイメージがあると思います。

基本的にはそれでいいと思いますが、面白いのは、岡林信康の〈山谷ブルース〉(一九六八)、高田渡の〈銭がなけりゃ〉(一九七一)はどちらも、関西フォークの流れから出てきた人が、東京の下層労働者の経験にもとづく歌を歌っているということです。高田渡さんはもともと岐阜から東京に来て、それから関西に行ってしばらくフォーク・シンガーとして活動していたというので、西の人とは言い切れないですけれども。

上京体験も歌われています。おそらくは大学で東京に出てきたんだろうと思われる体験を歌いこむような、かぐや姫の〈神田川〉(一九七三)、〈22歳の別れ〉(一九七四)、〈なごり雪〉(一九七四)、マイ・ペースの〈東京〉(一九七四)が代表的でしょうか。〈神田川〉は三畳一間の下宿に住んでいる、おそらく学生の同棲を歌った歌ですが、これは驚くべきことに牧村憲一さんがディレクターをしています。後にシュガーベイブ、竹内まりや、大貫妙子、フリッパーズ・ギターをプロデュースした伝説的なプロデューサーの牧村さんが、実はこの〈神田川〉を手掛けているんですね。

それから、なぎら健壱さんは東京の下町の出身で、〈葛飾にバッタを見た〉(一九七三)というアルバム・タイトルにもなっている曲がありますけど、まわりの友人達がふつうにサラリーマンになって落ち着いたり稼いだりしているのに、自分は相変わらずギターを弾いてバッタが飛ぶ下町できままに暮らしている、という歌を歌っています。

土着志向、あるいは貧乏志向が強いフォークに対して、シティ・ポップのキラキラした東京イメージとつながるところがあるかもしれないと思うのは、吉田拓郎の〈ペニーレインでバーボン〉（一九七四）という曲でしょうか。この曲によって原宿のペニーレインというお店が、修学旅行生の訪問の聖地のようになっていったという話もあります。吉田拓郎は広島から東京に出てきた人ですし、上京者の成功の象徴としての原宿といえるかもしれません。そういう東京を歌う歌を通じて、地方在住の若者たちは東京という場所に対するイメージをふくらませていたのではないかと思います。

一方、フォークと同じ時期に一種のジャンルとして形成されるのが演歌です。そこでの東京というのは、きりがないので非常に簡単に話しますが〈新宿ブルース〉（一九六七）や〈新宿の女〉（一九六九）のようなアングラ文化の首都としての新宿を想起させる歌があります。「上野発の夜行列車……」で有名な〈津軽海峡・冬景色〉（一九七七）は東京から北へ放浪していくイメージですね。〈ああ上野駅〉（一九六四）では、北から列車に乗って東京に出てきた人にとっての「心の駅」と歌われていたのに対し、今度は上野から北に向かうわけです。七〇年代前半は環境問題への意識が高まりはじめた時期でもあって、公害やオイルショックもあって、都会的なもの、都会そのものをそれ自体として肯定する視点はそんなになかったんじゃないかと思います。だからこそ、七〇年代後半以降の都会性を肯定するような、シティ・ポップと言われるようなものの特異性や先駆性がきわだっているということになります。

ロックと都市性

ロックにおいても、地方に拠点をおくロック文化が、ある種オーセンティシティ、真正性を持っていました。DIY的な価値観であったり、ある種ヒッピー的な田舎志向みたいなものが、反中央みたいなものと結びつくものもありました。七〇年代のロックは、現在のポップ音楽を語る語り口だと、東京在住、東京出身の比較的富裕な、大手私立、都市の有名校のサークル文化から発展したという語りがとても強いわけですけども、ロックに関する当時の言説をみていると、もっと地方の、東京以外の街の自律性や独自性を対抗文化としてのロックの重要な構成要素として強調するような見方というのが結構あったんですね。たとえば私の地元の石川出身のめんたんぴんは、明らかにグレイトフル・デッドの影響下にあって、小松に拠点を置きながらバスでツアーをしていました。その経験自体を主題とした〈コンサートツアー〉（一九七六）では「知らない町の人達に聞かせてあげる田舎を」と高らかに歌っています。

ただ、めんたんぴんのような田舎性の強烈な肯定は決して多くはない。東京に出てきた経験を持つ人たちが、自身の経験であることをそこはかとなく暗示させるような仕方で過酷な街として東京を歌うケースが多いように思います。すぐに思い浮かぶのは甲斐バンド〈東京の冷たい壁にもたれて〉（一九七五）、〈東京の一夜〉（一九七六）、ARB〈Tokyo City は風だらけ〉（一九七九）、浜田省吾〈東京〉（一九八〇）などでしょうか。甲斐バンド、ARBは福岡、浜田省吾は広島です。ちょっと時代を下ってアースシェイカーに〈TOKYO〉（一九八四）という曲がありますけど、大阪のメタルです。この時期のフォーク／ロック系歌手は、「冷たい、非人間的な機械のような街としての東京」という疎外論的な構図で捉えられた東京を歌うような傾向がとても強いように思います。浜田省吾の〈東京〉という曲は、東京をまるで想像上のニューヨークのスラムみたいに、その過酷で暴力的なイメージを極端な強調して歌う歌です。現在で言うシティ・ポップ的な東京とは違うけれども、演奏はTOTOのスティーヴ・ルカサーが参加しているのでシティ・ポップ的な音ともいえますし、また東京の風景を通じて欧米的な大都会を幻視しているという点でもシティ・ポップ的といえなくもないかもしれません。こういうアメリカのハードボイルド的な東京の表象は甲斐バンド〈キラー・ストリート〉（一九八五）などにも見られます。いずれにせよ、当時においてはかなり特徴的な東京の描かれ方であったといえそうです。純朴な地方出身者を変えてしまう酷薄な東京、というイメージはもしかすると〈木綿のハンカチーフ〉（一九七五）あたりがその萌芽かもしれません。もちろん作詞は松本隆なので、はっぴいえんど／ティン・パン・アレー系のものと無関係ではないといえなくもなさそうです。

東京を、酷薄な、人を変えてしまうような、人を疎外してしまう街として描くこうした流れに対して、七〇年末になると、人工的だけれどもなにかそこに肯定的なエネルギーとかを持っている街として捉える視線が現れてきます。人工的なものもそれゆえに肯定する視点みたいなものがあらわれてくる、ということですね。そういうものの先駆になったのが、近田春夫の『電撃的東京』（一九七八）というアルバムだと思います。これは基本的には歌謡曲をロックでカバーしているんですね。ここでは「東京」というものが、ニュー・ウェイヴ的な再解釈をされている。スリー・ファンキーズの一九六二年の曲をカバーした〈でさのよツイスト〉が収められていますが、まさにねじりを加えて、当時明らかにダサいと見られていた歌謡曲に、あえて面白さを読み込むという批評的な転覆というか、価値の反転の実践です。

あるいは細野晴臣の『はらいそ』(一九七八)。これは後のYMOに続いていく重要なアルバムですが、そのなかにも〈東京ラッシュ〉という曲があります。ラッシュアワーのことを疎外論的にというよりはユーモラスに歌うんですよね。それから遠藤賢司さんの『東京ワッショイ』(一九七九)。ただ遠藤賢司さんは長野から上京しているので、表題曲の「甘ったれんなよ嫌ならでてけよ」という歌詞は、外から来た人ならではの言い方かなという気もします。東京出身者が歌ったら単なる排外主義ですよね。さらに矢野顕子『東京は夜の7時』(一九七九)というライブアルバムもあります。これらが当時の言葉で言うと、「ニュー・ウェイヴ」の先駆けといえそうです。

左 近田春夫&ハルヲフォン『電撃的東京』(1978)/右 遠藤賢司『東京ワッショイ』(1979)

その流れのなかでYMOの〈テクノポリス〉(一九七九)やそこに出てくる「トキオ」という言葉をそのままタイトルにつけたのが沢田研二の〈TOKIO〉(一九八〇)。これらは総じて、ある種世界に冠たる都市としての東京みたいなもの、あるいは日本の生産性、工業、経済的な力を肯定する一方で、エコノミック・アニマルと批判されるようなステレオタイプを自嘲的に内面化する、そういう両義的な心情と結びついているような気がします。こういう流れと現在の意味でのシティ・ポップのなかで歌われる都会というのが、どのぐらい結びついているのかが興味深いところですね。

「都会調」としてのシティ・ポップ

こういう流れのなかでいまシティ・ポップと言われているものがどのように位置づけられるのか、という話をしてひとまずまとめにしたいと思います。

七〇～八〇年代当時は、ここまで紹介したフォーク、ロック、ポスト・パンク、ニュー・ウェイヴ的なもの、あえていうのであれば自作自演をする音楽は、ひっくるめてニューミュージックと呼ばれていました。この言葉の定義や規定はどこから来たのかみたいなことも言い出すときりがないのですが、ざっくり当時はそのように言われていたということです。シティ・ポップという分類は当然なかった。シティ・ミュージックというようなものがレコードの形容として、売り文句として使われるようなことはあったかもしれないですが、たとえばレコード店の棚を見ても、日本の歌謡曲じゃないものはすべてだいたいニューミュージックとされていたんですよね。ぼくは九三年に金沢から東京に上京してるんですけども、上京する前までの金沢の一般的な新譜専門のレコード店の分類は、歌謡曲とニューミュージックくらいしかなかった。日本のロック、日本のポップスという言い方はありませんでした。

ここで、さきほどの昭和三〇年代流行歌における都会調と田舎調という分類を敷衍して、ニューミュージックのなかにも都会調と田舎調と言えるものがあるのではないかという提案をしてみます。当時のニューミュージックを語るときにはユーミンのようなオリジネイターの位置に立つ人が注目されますが、実際に当時ニューミュージックという言葉でとても流行っていた、売れていたものはアリスや松山千春や中島みゆき、都会調というよりも地方出身であったり在住であったり、あるいは上京の経験を歌うようなもののほうが強かったわけです。もちろんニューミュージック自体が都会的なものだと言えば言えるのかもしれない、もともとそうだったのかもしれないですけれども、七〇年代のある時期以降はそれ以上の広がりを持つようになっていきます。

そういうものといまわれわれがシティ・ポップと呼んでいる都会調ニューミュージックを田舎調ニューミュージックから分かつものはなにかというと、まずは非常に単純ですが、そして個人的には遺憾なのですが、結局それは作り手が都会育ちか上京者か、という部分は否定できないように思います。

とはいえ、さすがにそれだけでは安直すぎるし、作り手の属性に還元するような見方は研究者としては慎まないといけない。ということで、都会調ニューミュージックをいささか強引に音楽的に特徴づけるとすると、ディスコやフュージョンの要素がより多く入っているもの、といえるのではないか。というか、シティ・ポップというのは実は日本のディスコのことなんじゃないかということを最近は考えています。実際、海外でのシティ・ポップの受容の中でより強く強調されるのは、ブギーやディスコのダンサブルな要素だったりするわけですよね。だから竹内まりやや大瀧詠一のオールディーズ的な側面は海外のシティ・ポップ受容からはあんまり顧みられていません。

もちろんディスコやフュージョンに影響された演奏スタイルは、ティン・パン・アレーやサディスティックスのようなスタジオ・ミュージシャンとしても活動する楽器演奏者たちの趣味が全開になったものとも言えるんですけど、私が注目したいのは、七〇年代の後半に、国産で洋楽のふりをした日本製のレコードを作る動きがあり、そこでディスコが好適な音楽スタイルとして選ばれた、ということです。日本のマーケット向けに洋楽に近い音楽を創る、というよりも、海外市場を目指す。洋楽の音に憧れてそれを模倣することに職人的なよろこびを見出す、というよりも、国外市場で本当に売れる、日本の中の言葉で言う「洋楽」そのものをつくるという、身も蓋もない、しかし野心的な試みがあったわけですね。

これを仕掛けたのは、日本ビクターの宣伝部員だったハッスル本多という人です。詳細は別のところで書いたので省きますが（「「洋楽」をつくる——1970年代後半国産ディスコの産業と文化」『音と耳から考える——歴史・身体・テクノロジー』アルテスパブリッシング、二〇二一）、筒美京平が変名で作曲してサディスティックスが演奏した〈セクシー・バスストップ〉（一九七六）を日本市場で洋盤として売り始めたことがきっかけです。そのあと、日本製のディスコを世界市場で売ることをかなり本気で考えて、「イースタン・ギャング」というプロジェクトを始めます。そこで中心的な作曲家だったのが林哲司です。

ディスコから見たシティ・ポップ

ちょっと話は広がりますが、日本における「ディスコ音楽」の含意の広がりを理解するために、洋楽受容の場としてのディスコの特異性について少し触れたいと思います。日本にはサーファー・ディスコという非常に謎なものがあります。アメリカにおける、あるいはヨーロッパにおける性的及び人種的マイノリティの先鋭的なダンス文化としてのディスコの成り立ちを考えると、アメリカ西海岸の中産階級白人の余暇と結びつく（実際のところハワイの先住民文化をアメリカ白人が簒奪したものですが）サーファー文化とディスコ文化が結びつくのはありえないことなんですが、おそらくは「アメリカ的」なるものへの漠然とした憧れという点でつながったのかもしれません。日本のサーファー・ディスコではドゥービー・ブラザーズやイーグルスが「AOR」と呼ばれて重要な部分を形成しました。「AOR」は、アメリカでは「アダルト・オリエンテッド・ロック」ではなくて「アルバム・オリエンテッド・ロック」なのですが、これは明らかにディスコを排斥した側です。アメリカではロックをかけるラジオDJの人たちが激しい反ディスコ運動をやっていました。ですので、アメリカでAORと言われるものはディスコとは水と油のはずなんですけど、日本ではサーファー・ディスコという不思議なくくりのなかで、心地よいメロウでスムースな洋楽として受容されていました。

今のシティ・ポップにつながる文脈としては、山下達郎がブレイクしたきっかけに、〈BOMBER〉

（一九七九）という曲が大阪のサーファー系ディスコで自然発生的にすごく売れたということがありました。そのヒットがきっかけになって〈RIDE ON TIME〉（一九八〇）のタイアップやアルバムの大ヒットにつながっていったので、山下達郎をマニアックな、洋楽愛好サークルからメジャーなところに引っ張り出したのは大阪のサーファー・ディスコだったというのは非常に重要だろうと思います。

そして、先程お話した、海外市場を目指した国産ディスコのプロジェクトに深く関わっていた林哲司という作曲家が、国内市場向けのソングライターとして成功しはじめます。竹内まりやの〈SEPTEMBER〉（一九七九）にせよ、いまやシティ・ポップを代表する一曲である松原みきの〈真夜中のドア〜stay with me〉（一九七九）にしても、「イースタン・ギャング」でディスコをつくっていた時期と重なっています。〈BOMBER〉、〈SEPTEMBER〉、〈真夜中のドア〉、つまり山下達郎と竹内まりやと松原みきが全部ディスコで説明できるとすれば、これはもうシティ・ポップはディスコだろう、と言い切っちゃっていいんじゃないかと思います（笑）。言い切るのはまずいにしても、シティ・ポップにはディスコから見る見方っていうのは絶対必要だということですね。

シングルとして発売された山下達郎『BOMBER』(1979)

「ヤマハ」が変えた音楽規範

もう一つ、シティ・ポップの音楽的特徴を可能にした条件として、一九七〇年代の音楽シーンにおいて決定的に重要な役割を果たしたインフラとしての「ヤマハ」に言及しておきたいと思います。東京以外に在住する人たちが音楽家として成功していくためには、ヤマハのポプコン（ポピュラーソングコンテスト）や各種コンテストが、当時としてはほぼ唯一の音楽産業への回路でした。そうしたアマチュアだけでなく、林哲司、瀬尾一三、大村雅朗、船山基紀、萩田光雄など、いわゆる歌謡曲もニューミュージックも関係なく当時のヒット曲を生み出していた代表的な編曲家の人たちは、基本的には全員ヤマハの音楽振興会で働いた経験がありました。音楽雑誌の編集であったり、メロ譜だけで送られてくるポプコンの一次予選の楽曲をアレンジして、デモテープをつくってそれで評価する、そういう仕事をずっとやっていたんですね。シティ・ポップだけじゃなくてニューミュージック全体にとっても、ヤマハがすごく大きなインフラになっていた。

しかも、ヤマハの面白い、そして非常に問題含みなところは、ポピュラー音楽の「理論」を提示したということです。渡辺貞夫というジャズ・ミュージシャンが一九六〇年代後半にバークレー音楽院に留学して音楽理論を学んでいました。最初は私塾のようなかたちでそれを教えていたのですが、当時発足したばかりのヤマハ音楽振興会の協力でそれをジャズとポピュラー音楽の理論として教本にして、全国で教えられるようにしていきます。テンションコードの使い方、代理和音や分数コード、そういうかなり凝ったジャズやフュージョンの技術を、職業音楽家が手っ取り早く身につけるためのバークリーの教則本が、あたかもポピュラー音楽の一般理論、「楽理」や「楽典」という奇妙な言葉で言われるものの現代版であるかのようにヤマハによって体系化されて、教えられるようになった。林哲司の曲はもちろんそうですし、シンガーソングライターでも八神純子をはじめ、ヤマハ系は非常にテクニカルな人も多いですね。テンションコードや複雑なリズムをばりばり使いまくりの、つまりは現在で言うシティ・ポップ的な音ですが、そういう人たちが多く現れるということと、ポピュラー音楽の教授可能な「理論」の普及は無関係ではないだろうと思います。一方で、ヤマハは地方出身の人たちに機会を与えることで東京一極集中を崩しました。しかし他方ではコンテストや「理論」やそれに基づく音楽教育を通じて、別の均質化を促してしまったとも言えるかもしれません。

ヤマハと関連して、一九七〇年代の日本の音楽文化の立ち位置を考える上で欠かせない装置が「歌謡祭」です。ヤマハの「世界歌謡祭」と、TBSの「東京音楽祭」というふたつの国際音楽祭が七〇〜八〇年代に毎年開催されていて、そのなかでいろんな国の代表の歌手が登場する、ユーロヴィジョン的なものを日本でやっていたわけですね。

ヤマハの世界歌謡祭だとポプコン出身の人が必ずグランプリを取って「なんでやねん」っていう構造になっていたんですが（笑）。日本出身の人、というかポプコンの優勝者と海外の出身の誰かが一人ずつグランプリをとるということで、日本側の優勝については暗黙の了解になってたと思うんですけど、円広志《まどか》とかツイストとかあみんとかアラジンとかそういう人たちがみんな世界歌謡祭でグランプリをとっているんです。世界的な、国際的に通用する音楽が日本の、しかもアマチュアから発信できるのだ、というヤマハのメッセージを可視化するものだったと言えます。

一方、TBSの「東京音楽祭」はヤマハのようにアマチュアを強調するのではなく、欧米のショービジネスの超大物のステージを東京で披露する、という性格が強かったようです。その一方で、スリー・ディグリーズが東京音楽祭で人気が出て、日本向けに筒美京平作曲の〈にがい涙〉（一九七五）を日本語で歌ったりする。コモドアーズも東京音楽祭で人気が高まった。これらはディスコ案件でもありますね。

一方の海外市場を目指した国産ディスコの動きと、ふたつの音楽祭を通じた「国際的」な音楽への希求が重なり、しかも東京を歌っている、という例として、つまり私が考える「シティ・ポップ的」なものの一つの代表例として、第一〇回東京音楽祭にモザンビーク代表としてエントリーするために作られたシューディの〈トウキョー・メロディ〉（一九八〇）という曲を最後に紹介させてください。シューディは、林哲司が国産ディスコのイースタン・ギャングというプロジェクトの作曲をやっていたときに、そのプロデューサーだったハッスル本多が発掘してきた人です。モザンビーク独立の英雄、エドゥアルド・モンドラーネの娘で、父の亡命中にニューヨークで生まれる、というすごい出自です。ハッスル本多が、フランスのカンヌで開かれる音楽産業の見本市、MIDEMに出張したときにたまたま見つけたクラブシンガーを、日本に連れてきて国際的なスターにしようというプロジェクトをつくったんですね。音楽家の趣味または美的な関心に基づいて、洋楽的な音を再現して日本市場向けに発売するというよりは、本当に世界で売れる「洋楽」を作ろうとした、ということです。シューディの企画は結局うまくいかなかったんですけれども、そういう気概は、良くも悪くも非常

シューディ『トウキョー・メロディー』(1981)

に当時の東京らしいなと思います。うまくいかなかったとはいえ、韓国のＴＢＣ放送局でやっていた「世界歌謡祭」では、ユーロディスコ調の〈エクスタシー〉（一九八〇）という曲がグランプリを取っていて、韓国語でカバーされていたりします。ちなみに、同じ歌謡祭の前年大会では大橋純子が〈ビューティフル・ミー〉（一九七九）でグランプリを取っているんですね。もちろん当時は英語で歌っているわけですけれども、日本の歌が「洋楽的」に洗練されてゆく上で、国際歌謡祭という装置がとても重要だった、ということを示すもう一つの例と言えます。

シューディの〈トウキョー・メロディ〉に話を戻すと、これいい曲なんですよね。バックのメンバーのミュージシャンも、難波弘之や岡澤章など、山下達郎のバックをやっている人と重なっています。ですので、サウンドとしてはいわゆるシティ・ポップです。とはいえ、日本市場向けの洋楽的な音を追求するシティ・ポップとは違って、本当に世界市場での成功を目論んで「洋楽」をつくろうとした試みということになります。でも現在の耳からすると、「洋楽」というよりは、「英語で歌われたシティ・ポップ」のようにも聞こえる。いまわれわれがシティ・ポップと呼んでいるものは、一九七〇年代から八〇年代当時の感覚としてはおそらく、「限りなく洋楽に近い邦楽」なんだけれども、そうした「海外」や「洋楽」への志向や憧れ自体が、当時の「日本的」なものを特徴的にあらわしているような気もする。そんなことを、「国産洋楽」であると同時に「英語版シティ・ポップ」である〈トーキョー・メロディ〉から考えてます、ということでかなり散らかってしまいましたがここらで終わります。ありがとうございました。

第7講

東南アジアのローカルな「シティ・ポップ」

シティ・ポップにカギ括弧をつける

金悠進（きむ・ゆじん）
1990年大阪府生まれ。東京外国語大学講師。専門はインドネシア地域研究。著書に『ポピュラー音楽と現代政治―インドネシア――自立と依存の文化実践』（京都大学学術出版会、2023、樫山純三賞）、『越境する〈発火点〉――インドネシア・ミュージシャンの表現世界』（風響社、2020）など。

今日お話しするのは、昨今のシティ・ポップ人気がいかに東南アジアの音楽シーンに影響を与えているのか、与えていないのか、日本との違いはなにか、についてです。世界的なシティ・ポップ・ブームの火付け役ともいわれるインドネシアの事例を中心に紹介して、日本のシティ・ポップと東南アジアの「シティ・ポップ」の関係性について考えてみたいと思っています。

二〇二〇年に、「「シティポップ」なきポップス——ジャカルタ都会派音楽の実像」という論文を『ポピュラー音楽研究』（二四巻、二〇二〇）から出しました。なぜ「インドネシアのシティ・ポップ」というタイトルにしなかったのかというのが、結構自分なりに大事な感じなんですね。もっと言うと、「インドネシア　シティ・ポップ」で検索してもひっかからんようにしてやろうという気持ちもあったんですけれども（笑）。それに対する問題意識のひとつとして、「アジアでシティ・ポップが流行っている」という言説に対してなんかしらの違和感があったんです。

今日の結論はものすごくシンプルで、東南アジアのいわゆるシティ・ポップは、シティ・ポップっぽいだけでシティ・ポップでは厳密にはない、ということです。そのなかで、シティ・ポップという言葉自体が、多義的な意味合いを含んでいたり、ある人にとっては問題をはらんでいたり、そうした曖昧な概念を東南アジアにおいて適用するときにどのような問題があるのかを考えていきたいと思っています。

一つ目は、東南アジアのシティ・ポップというのは必ずしも日本のシティ・ポップの影響によってつくられたわけではない、ということです。そういったイメージが一部の方にはあると思いますが必ずしもそうではなく、東南アジア各国、各都市で活動してきた伝説的なアーティストたちの地道な努力の積み重ねによって歴史的につくられた部分もあります。

二つ目が、東南アジアの「シティ・ポップ」っていうのは、再発見のような感じで、日本の文脈で言うと「急に出てきた」イメージがあるかもしれませんが、東南アジアからすれば、むしろ「すでにあった」という認識のほうが、重要なんじゃないかということですね。

最後に三つ目が、これは重なる部分がある――というかほとんど重なるんですけれども、東南アジアにおける音楽シーンというのが、日本のいまのシティ・ポップ再評価、あるいは世界的なシティ・ポップ・ブームにおける日本のシティ・ポップの再発見といった現象に貢献しているというよりは、むしろ、東南アジア各国の国内における「シティ・ポップ」の再評価に実は貢献しているのがより大きいのではないかということです。

インドネシアのポップス

個人的なことを言うと、シティ・ポップは実は苦手というか、あまり聴いてきませんでした。

そもそもですけど、個人的にあまり首都が好きじゃないというのがあるんですね。それは別に東京に限ったことではなくて、インドネシアでいえばジャカルタとか、そういう首都というのがあまり、とくに理由はないんですけど好きじゃないというのがあって（笑）、なんとなく苦手でした。

それなのに、なぜシティ・ポップの研究をしなければいけなかったかというと、自分がインドネシアの研究をしていたからというのがものすごく大きいんですね。地域研究というのは、対象とする特定の地域をまるごと、総体的に理解するというイメージだと思ってください。そのためには自分でいうとインドネシア語を学んで、インドネシアの歴史について勉強して、実際にインドネシアに行ってフィールドワークすることもあります。そうすると、都市のカルチャーを調べたりフェスに行くうちに、否が応でもシティ・ポップっぽい音楽に出会うわけです。これは学問としておもしろそうと思いました。

ちなみに、今回の講義は副題に「東南アジア」と書いてるわけですが、東南アジアとひとつにまとめてなにかを言うのは、インドネシアの地域研究をしている人間からすると、実はものすごく勇気がいることなんです。例えばわかりやすいのは、『アジア都市音楽ディスクガイド』（DU BOOKS、二〇二二）では、インドネシアをふくめシンガポール、タイ、マレーシア、フィリピンなど、いろんなアジアの国のディスクガイドが載っています。そしてこのディスクガイドの執筆陣は私をふくめ一〇人以上います。それぐらい、各地域の専門家の人たちがよってたかってやらないとわからないような地域だということを物語っています。言語や歴史を知らないと、その地域の多様な文脈について理解することができない。なので、私自身はほかのタイやフィリピンのことをあまりよく知らないので、それについて詳しく語ることはなかなかできません。

そのためには、何を語るのかも大事なんですが、何を語らないのかということもあらかじめ言っておきます。まずひとつには、「東南アジアのシティ・ポップ」ということについては語らないし、もっというと、「東南アジア」ということに対して、大風呂敷を広げて語るということはまずそもそもが難しい。もっと言うと、インドネシアについて語ることすら実は、すごく勇気がいることなんです。実際、わたしも別にインドネシアのことを知っているというわけではなくて、インドネシアのバンドンというセカンド・シティみたいなところで調査をしてきて、知ってる地域もインドネシアのなかでも都市部に限られていたということなんですね。

そこで今回は、とくにインドネシアの首都ジャカルタの「シティ・ポップ」についてお話しをします。ここで一番重要なのが、とくに日本で知られていないようなローカルなポップスです。これについて、その地域の歴史的・社会的文脈を踏まえて紹介したいなと思っています。

「日本スゴイ」に陥らない

東南アジアのシティ・ポップ、日本国内においてインドネシアのシティ・ポップという話になったときに、よく知られている人物が二人います。一人目は、レイニッチ（Raynich）というインドネシアのYouTuberです。チャンネル登録者数二〇〇万人超えというすごい数なんですけども、二〇二〇年に彼女が〈真夜中のドア〜stay with me〉（一九七九）をカバーしたんですね。それがすごくバズりました。ヒジャブ（イスラーム教徒のヴェール）をかぶった少女が完璧な日本語でカバーしているということで、ものすごく話題になったんですね。これをきっかけに、日本国内ではインドネシアがシティ・ポップ・ブームの火付け役として一部で持ち上げられました。

もう一人は、イックバル（Ikkubaru）というバンドです。これはシュガー・ベイブの〈DOWN TOWN〉（一九七五）をカバーしたことでも有名です。こちらも完璧にカバーしたうえで現代風な演奏をしています。おそらくネットで「インドネシア　シティ・ポップ」で調べたら、イックバルかレイニッチが出てくると思います。例えばこの講座と関連する『東京人』（二〇二一年四月号）という雑誌でも、イックバルは「近年シティ・ポップからの影響を受けたバンドが続々登場しているインドネシアのなかでも、その先駆けとしても、クオリティの高さでも日本で大きな話題となった、ファンキーな80年代シティ・ポップを鳴らすバンド」というふうに紹介されています。

ただし、この紹介文では「シティ・ポップ」がどこのシティ・ポップなのかを、まったく説明していないですよね。「近年『日本の』シティ・ポップ」なのか、それとも「『インドネシアの』シティポップ」なのか。「80年代シティ・ポップ」っていうのは「80年代の『日本の』シティ・ポップ」なのか、「80年代の『インドネシアの』シティ・ポップ」なのかっていうことを説明していないところは、かなり見過ごされがちです。ここでは「日本のシティ・ポップ」のことだとは思いますが。

もうひとつ付け加えておくと、このイックバルというバンドは実際に現地で見たことがあるんですが、五組くらいのバンドが出ているフェスのようなものだったんですけども、その前座、五組あるうちのトップバッターみたいな位置づけで、観客は一〇人いるかいないかくらいだったんですね。つまり、別にイックバルがそこまでインドネシアのローカルなシーンにおいて知名度や人気があるわけではないということなんです。実は日本で伝わっている情報とのギャップも多少あり、なかなか当地の状況を調べられていないことが多いので注意しておきたいところです。

ちなみにシティ・ポップ関連でいうと、レイニッチやイックバルのように完璧にコピーするパターンもあるんですが、アンダーグラウンドでは逆にシティ・ポップ・ブームを小馬鹿にするようなムーヴメントもあることは押さえておきたいです。この前、インドネシアの芸術家による映像作品展が京都でありまして、冒頭四〇分くらいはめっちゃエログロというか、カニバリズムをテーマにしているからか、かなりシリアスな感じで実験的すぎてようわからんし、なんや難しいなあと思ってたら、ラストの五分間くらい〈真夜中のドア〉をばーん！ と流したんですよ。しかも、それをパンツ一丁の超ド変態みたいな人が踊り狂いながらめちゃくちゃ下手くそな歌で、しかも超ド級の下ネタの替え歌で歌ってたんですね。衝撃受けました。インドネシアはなにかこういうふうに世界的なブームが起きたときに、そのカウンターとしてアンダーグラウンドでパロディ化するということが実はあったりするんです。

それはいいとして、日本の文脈において東南アジアのシティ・ポップがどういうふうに見られているのかということをもうちょっと考えてみると、実は日本からすると知りたいのは、一貫して「日本のシティ・ポップの再評価がどのように海外で受容されているか」っていうところなんですね。例えばそれは、インタビュー記事を見たらよくわかるんですけども、東南アジアの人びとに「日本のシティ・ポップ」の魅力を語ってもらっているっていうのがもっぱらなんです。例えば、「レイニッチに訊くシティ・ポップの魅力」というときは、日本のシティ・ポップのどこがいいんですか、というふうに聞いている。他には、BSフジでスカートの澤部渡さんがイックバルにインタビューしてるんですけども、そのときにも、日本のシティ・ポップのどこが良いか、その魅力を語ってもらうという語らせ方が強いんです。つまり、一貫して関心の矛先は日本のシティ・ポップがどのような魅力を持っているのかがメインとなってます。

それはもしかしたら、究極的には「日本スゴイ」言説に陥ってしまう部分もあるわけで、注意しなければいけません。『Ｙｏｕは何しに日本へ？』のような、いわゆる日本スゴイ系の番組で海外の人が「いや日本のシティ・ポップはスゴイんだよ」と語っている姿が、まぁ心地良いわけですけども、それはインドネシアをふくめて他者を都合よく利用していることになってしまう。そういうところはもしかしたら、異文化理解という意味ではちょっと距離があるように思います。柴崎祐二さんも言ってましたが、最近の日本メディアは自国偏重的なシティ・ポップ観に引きずられている気がします（柴崎祐二編著『シティポップとは何か』河出書房新社、二〇二二）。

もうひとつ注意しておきたいのが、シティ・ポップが東南アジアで流行ってるということは事実かもしれませんが、もっと言うと、K-POPのほうがものすごく流行ってるということです。東南アジアはK-POPの牙城みたいなところがあって、それは別にK-POPのクオリティをシティ・ポップと比べるわけじゃまったくなくて、もっといろんな複雑な要因が絡まってくるわけですけども、インドネシアしかり、タイとかフィリピンとかっていうのは、K-POP人気が凄まじい。シティ・ポップとは雲泥の差であるということは知っておいて損はないかなと。もうちょっと言うと、東南アジアではシティ・ポップよりもJ-POPのほうが人気です。前まではL'Arc～en～Ciel、宇多田ヒカル、ONE OK ROCKあたりはよく知られていたし、昔で言うとインドネシアだったら五輪《いつわ》真弓の〈心の友〉（一九八二）が大ヒットしました。そうした人気のあり方にも注意が必要です。

「シティ・ポップ」への違和感

アジアのシティ・ポップとはなにかと考えたときに、さきほど挙げた『アジア都市音楽ディスクガイド』の冒頭に書かれていることを紹介してみるとわかりやすいかなと思います。ここでは、アジアでシティ・ポップが流行っていて、そのシーンの源流には何があるかというと、「「シティポップ」として注目されている日本のミュージシャンと同じように、西洋の音楽を取り入れ、各国&各都市の文化を反映させながら、いわゆる「洗練」を追求しようと試行錯誤、創意工夫してきた歴史が」あると書かれています。

この本は、「アジア圏の音楽をワールドミュージックや伝統音楽という括りではなく、グローバル（洋楽）志向の洗練されたポップミュージックとして広く取り上げた、はじめての本」であるとも言っています。そして、「これまで「イケてない／垢ぬけない」とされていたアジアのポップスについても、「都市音楽」というテーマを設けて歴史を追いながら洗い出すと、世界のポップミュージックの潮流と並走していたことがわかります」と書いています。この本は基本的にディスクガイドなので、それぞれのアルバムや曲を紹介しているわけですが、どうやって「日本のミュージシャンと同じように」、「世界のポップミュージックの潮流と並走」していたのか、というところを、もう少し、具体的な事例を交えながら話してみたいと思います。

ここでポイントになるのが、「ポップ・クレアティフ（pop kreatif）」というジャンルです。そもそも「インドネシアのシティ・ポップ」という言い方自体、実はものすごく不自然に感じられるものです。なぜなら、インドネシアでシティ・ポップという言葉は基本的に通用しないからです。シティ・ポップという言葉自体が和製英語であるのはもちろんそうですが、インドネシアでシティ・ポップという言葉がわかるひとは、ものすごくコアな音楽ファンぐらいに限られています。その代わりに、シティ・ポップよりもまだ馴染みがある言葉として「ポップ・クレアティフ」、日本語でいうと創造的なポップス、という呼び名があります。クレアティフというのはクリエイティヴですね。これが今ではそこまで使われなくなってきて、日本で言うところの「ニューミュージック」に近い言葉なんです。ニューミュージックはほぼ死語に近いと思いますが、そういう意味ではポップ・クレアティフもあまり今では使われません。

どちらにしろ、シティ・ポップみたいな概念がものすごく定着しているわけではない。例えば現地の有力音楽メディア『Pop Hari Ini』の二〇一九年の記事「Bukan City Pop Indo, Tapi Indo Pop Urban」では、「インドネシアのシティ・ポップ」なんてないんだ、インドネシアの過去のポップスを「シティ・ポップ」というふうにラベリングするな、みたいなことを書いているんですね。こういう記事があるように、シティ・ポップって言葉でカテゴライズされることに関してはローカル側からも違和感が表明されています。

ポップ・クレアティフとニューミュージック

ポップ・クレアティフとはどういうものなのかを、日本の事例と比較しながら考えたいと思います。が、これは先ほど例に出したニューミュージックにとても近いものです。もちろんニューミュージックと似てる部分と違う部分があります。似てるかどうかは、ニューミュージックの定義次第ではありますが、例えば、歌謡曲でも社会派フォークでもない日本製のポピュラー音楽、つまり歌謡曲のように企業ベースの音楽でもなくて、プロテストソングやフォークみたいな社会的／反商業主義的でもないという点、それから、自作自演のシンガーソングライター的な作家性の強い音楽である点です（例えば、小川博司『音楽する社会』勁草書房、一九八八）。ここでポイントになるのが、私生活主義的で、荒井由実が追求したような「中流階級サウンド」みたいなところは、非常にポップ・クレアティフと似ている部分がある。つまり、似ているというのは音楽的な特徴というよりは、それも一部あるんですけど、どちらかというとその社会的な位置づけのほうです。

そもそもポップ・クレアティフという言葉が生まれた経緯が、だいぶいい加減なんです。なぜいい加減かというと、メディアによる他称なんです。そのあたりもニューミュージックに似てるんですよね。七〇年代後半くらいに主流だったいわゆる歌謡曲っぽいもの、例えばポップ・ムラユ（pop melayu）とか、ポップ・ムンダユダユ（pop mendayu-dayu）とか、ポップ・チェンゲン（pop cengeng）といった言葉があるんですけれども、これらはおおよそバラード風の感傷的なポップスです。

グループ	アルバム・タイトル	レーベル	発売年
クス・プルス（Koes Plus）	ポップ・ムラユ（Pop Melayu Vol. 1）	Remaco	1974
メルシーズ（The Mercy's）	ポップ・ムラユ（Pop Melayu Vol. 1）	Remaco	1974
デロイド（D'loyd）	ポップ・ムラユ（Pop Melayu）	Remaco	1974
ステップス（The Steps）	ポップ・ムラユ（Pop Melayu Vol. 1）	Remaco	1975
ゲンベルス（The Gembell's）	ポップ・ムラユ（Pop Melayu）	Remaco	1974
リズムキング（The Rhythm King）	ポップ・ムラユ（Pop Melayu Vol. 1）	Sound Music	1975
ファフォリッツ（Favorite's Group）	ポップ・ムラユ（Pop Melayu Vol. 1）	Life	1975
ファンタスティック（Fantastic Group）	ポップ・ムラユ（Top Hits Pop Melayu）	Purnama	1975
AKA	ポップ・ムラユ・ジャワ（Pop Melayu Jawa Vol. 1）	Remaco	1976

表1　1970年代半ばの「ポップ・ムラユ現象」（金悠進『ポピュラー音楽と現代政治——インドネシア 自立と依存の文化実践』（京都大学学術出版会、二〇二三、六四頁））

クス・プルス（Koes Plus）という、インドネシアのグループ・サウンズ系のバンドがいます。このバンドが一九七四年に『Pop Melayu Vol.1』っていうアルバムを出したんですよ。この**表1**を見たらめっちゃ面白いんですけど、クス・プルス以外にも、四〜五バンドぐらいが『ポップ・ムラユ』というタイトルのアルバムをいっぱい出してるんですよね。なんでこういうことをするかというと、「ポップ・ムラユ」というタイトルつけて、なんとなくこういうサウンドでこういう悲しげな歌詞、こういうバラード風の感傷的なラブソングをつくったら売れるからなんですね。レマコ（Remaco）という大手レーベルが大量生産していました。そして、こういったいわゆる歌謡曲的なものが主流化しているなかで、そこからの差異を打ち出す形で出てきたのがポップ・クレアティフでした。だからメディアは、そういう新しいポップスをなんとか名付けようとしたときに「ポップ・クレアティフでいいや」みたいな感じで言った、というイメージでとりあえずいいかなと思います。

じゃあどういう音楽か？　ということですが。例えば、キーナン・ナスティオン（Keenan Nasution）の〈Zamrud Khatulistiwa〉は、曲調においても、明らかにクス・プルスの音楽とは違うかなと思います。歌詞もすごく中流階級的な意識が強いんですよね。これは一九七六年の曲で、初めて聴いたときに、めちゃくちゃいい曲やなと思ってものすごい衝撃が走ったんですよね。なによりびっくりしたのが、「Aku bahagia（私は幸せ）」という歌詞からスタートするのが、「え、これ、一九七六年なん？」と思ったんですね。

つまり、七〇年代というそこまで社会全体として豊かではなかった時代に、「私は幸せ。豊かな暮らしを送れて」って歌っているということ自体が、浮世離れしていると思ったんですよ。ちなみにこの曲をつくっているのは、グル・スカルノプトラ（Guruh Sukarno Putra）というスカルノ元大統領の息子です。このように、全部が全部じゃないんですけど、ポップ・クレアティフは多幸感というか楽観的というか、中流階級意識みたいなのが強いという風に言えるかなというので、ニューミュージックに近い部分があるかなと思います。

日本における「はっぴいえんど史観」みたいなことを強引にインドネシアにひきつけると、シティ・ポップ関係者たちはやっぱり首都に偏っています。日本では例えば「風都市」みたいなはっぴいえんど周辺のクリエイターたちが今で言うシティ・ポップの担い手となっていったわけですが、実はインドネシアにこの状況はリンクします。ジャカルタの中心部にあるプガンサアン（Pegangsaan）という地区に、インテリ音楽エリート集団が集まってるんですね。その代表格がグル・ギプシー（Guruh Gipsy）という、先ほど紹介したスカルノ初代大統領の息子、グル・スカルノプトラを中心とするバンドです。**図1**の左側がグル・スカルノプトラで、右側がデヴィ・スカルノ夫人です。ちなみに、グル・スカルノプトラはデヴィ夫人の実の息子ではないですが、このツーショットが偶然あったので紹介しておきました。

いずれにせよ、初代大統領の息子がポップ・クレアティフを担っていたという時点で、やっ

図1 グル・スカルノプトラ（左）とデヴィ・スカルノ夫人（右）

ぱり超エリート的な音楽なんです。例えば彼らが組んでたグル・ギプシーはゴリゴリのプログレをやってたんですね。一九七七年にアルバム一枚だけを発表して解散してしまうぐらい伝説的なバンドだったんですけども、重要なのは、グル・スカルノプトラしかり、エリート的な音楽集団は、プガンサアン周辺のメンテンなど、日本でいうところの青山界隈のような、ちょっと高級なヒップな感じのところをたまり場にしていて、洋楽にかぶれていた、という点は押さえておきたいところです。

　その人たちがどういう音楽をつくっていくのかっていうと、特に一九七七年以降、ポップ・クレアティフが注目を浴びるようになっていくなかで、大きな転換期として言われているのが、このふたつのアルバムです。ひとつは『Lomba Cipta Lagu Remaja』（一九七八）というコンピレーション・アルバム、もうひとつが『Badai Pasti Berlalu』（一九七七）という映画のサウンドトラックです（**図2**）。そこに収録されている音楽が、いわゆる歌謡曲的な商業ポップスとは違う、なんとなく洋楽志向っぽいハイソなお洒落ポップスだったと言われています。この二大アルバムのどちらにも、作詞作曲などでグル・ギプシーのメンバーが関わっているんですね。

図2　左『Lomba Cipta Lagu Remaja』(1978)／右『Badai Pasti Berlalu』(1977)

　これははっぴいえんどに近い部分があって、グル・ギプシーというバンドが解散したあとに、それぞれがこういうちょっとポップ・クレアティフっぽい都会的で洗練された音楽の作詞作曲をやっていくようになるんですね。松本隆や細野晴臣や大瀧詠一とかなり似ている部分があって、個々で活躍していく。いわゆるゴリゴリのプログレやロックをやっていた人たちが、ポップという文脈のなかで今までの土着的な歌謡曲とは違う、都会的な洗練された音楽をやっていった結果としてポップ・クレアティフが生まれていくという流れがありました。

それ以降、洋楽風なインドネシア・ポップスが出てきて、それがただ単に洋楽をカバーするのではなく、インドネシア語でインドネシア国内向けに、文脈は違いますが輪島裕介先生の言葉でいうところの「偽装洋楽」のような音楽がつくられていきます。例えば先ほどのグル・ギプシーのクリシェ（Chrisye）はインドネシアポップス界のトップスター歌手ですが、彼は、七〇年代後半から八〇年代にかけて同時代の欧米のヒット曲を元ネタにしたインドネシア版ポップスを歌ったりしています。〈Anak Sekolah〉（一九八七）っていう曲のイントロはＡＢＢＡの〈Dancing Queen〉（一九七六）ですし、〈Juwita〉（一九七八）のサビも〈Dancing Queen〉から来ています。他にも例えばクリシェの〈Hip Hip Hura〉（一九八六）という曲も、ほぼ同時代にヒットしたa-haの〈Take On Me〉（一九八四）やケニー・ロギンスの〈Footloose〉（一九八四）から取られていて、リアルタイムで影響を受けたものがインドネシア国内向けに作られていたということですね。歌詞だけインドネシア語にしたカバーではなく、ローカルなオリジナルのポップスとして受けていました。しかもそれがディスコのようになっていたところも、ポイントかなと思います。

じゃあ、なぜ七〇年代にこういうものができたのかということには、政治的な背景もあります。というのも一九七〇年代っていうのは、スハルト権威主義体制の真っ只中なんですね。つまり、開発独裁的な時代だったんですよ。これがなぜ洋楽の流行と関係するかというと、その前の時代、初代大統領のスカルノさんの時代にはロックや西洋のポップスは排斥されていたんです。スカルノさんがかなり共産主義に寄っていた時期があって、なおかつナショナリズムもめちゃくちゃ強かったので、ロックというのは文化帝国主義なんだと、西洋文化を規制していこうとしていたわけです。逆に次のスハルトはスカルノ前政権と差異化するために、また冷戦の時代ということもあって、共産主義者を何十万人も虐殺して「反共」を掲げてアメリカなど西側諸国に寄っていたので、西洋文化に対しては寛容でした。だからまだロックやポップスが入ってきやすかった。政治的なメッセージ性があるものとかは基本ダメなんですけど、洋楽をやるぶんには自由でした。独裁のイメージが先行して違和感があるかもしれませんが、一部のローカルのアーティストが「スハルトのときは割と自由だった」ということを言うのは一理あるんです。政治的には殺されているけれど、洋楽ポップスをすることに関してはある程度自由だったみたいなことはよく言われています。

シティ・ポップは東南アジアに影響を与えたのか？

ここからは日本のシティ・ポップが東南アジアに影響を与えたのかどうかについて考えたいと思います。まず、寺尾聰の〈ルビーの指環〉。これは一九八一年の松本隆作詞による曲ですね。この曲と比較したいのは、インドネシアの八〇年代ポップ・クレアティフの代表格といわれているファリスＲＭ（Fariz RM）のデビュー作〈Sakura〉（一九八〇）です。彼はさっき紹介したグル・スカルノプトラ周辺の音楽エリート集団の弟分的な存在で、八〇年代の天才的シンガーソングライターとして活躍した人物です。この〈Sakura〉という曲は、一聴してあきらかに〈ルビーの指環〉っぽいな、あぁこれは確実にカバーか、あるいは影響を受けているだろう、というふうに思っちゃいそうなんですけども、実は一〇〇パーセント違うんですね。なぜかというと、〈ルビーの指環〉は一九八一年につくられたけど、〈Sakura〉は一九八〇年なんですね。つまり、時系列的に影響を受けることは不可能なんです。だから、日本のシティ・ポップがこのさっきのインドネシアの曲に影響を与えたって思うのは、少なくともこの場合は間違いなんですね。

ではなぜ似てしまったりこういう勘違いが起きてしまうかというと、そもそもが、シティ・ポップの特徴、ポップ・クレアティフの特徴が、ともに洋楽志向だと考えると、同じ元ネタを参照したのではないかと考えられます。そして、二曲ともビリー・ジョエル〈Stranger〉（一九七七）に似ているんです。そう考えると、七〇年代後半にファリスＲＭも寺尾聰も、この曲に影響を受けたかもしれない。ただし少なくとも、ファリスＲＭは〈Sakura〉という曲をつくるときに、その翌年につくられた〈ルビーの指環〉から影響を受けたわけではない。日本もインドネシアも同時代的にアメリカの音楽に対する憧れを持っていて、そこからシティ・ポップっぽいものができてきた、というところは、見過ごしてはいけないポイントです。

実はこのような例はインドネシアに限った話ではなくて、例えば韓国の音楽にも言えます。長谷川陽平さんによると、韓国は山下達郎のようなシティ・ポップの影響はさほど受けていない、日本人が考えるようなシティ・ポップの洗礼は実は少ない、ということをおっしゃっていました（『アジア都市音楽ディスクガイド』より）。だからそういう意味では、実は日本にしろ韓国にしろインドネシアにしろ、同時代的にアメリカのポップスを聴いて同じようにやっていたということは、冒頭で引いた『アジア都市音楽ディスクガイド』の「並走」と言えるかなと思います。

また、言説的にもかなり似てる部分があります。例えば先ほどの『東京人』で松本隆さんがこう言っていました。「シティ・ポップとか、そういう呼び方はさ、僕はあまり興味がない。いつも誰かが流行らすんだけど、居心地はよくないよね（笑）。ニューミュージックのときもそうだった。勝手にラベリングされちゃうんだ」。これはインドネシアでも同じようなことが言われています。ファリスＲＭも「『ポップ・クレアティフ』ってメディアで誰かが言い始めたか知らないけど、僕は気に食わない。そもそも何がクリエイティヴなんだ？　反対に感傷的な歌謡曲とかを『クリエイティヴじゃない』と見下す感じが嫌だ。あれはあれでじゅうぶんクリエイティヴだよ」というようなことを自伝で語っています（Fariz RM, 2009, *Living in Harmony: Jati diri, Ketekunan, dan Norma*, Penerbit Buku Kompas.）。そういうふうに、ポップ・クレアティフってラベリングされることにも違和感がある、という点でも、ニューミュージックに似ている部分があるということも一応言っておきます。

もう一個、言説に関して、日本国内のことを言っておくと、ワールドミュージックが流行った一九八〇年代から九〇年代にかけて、日本の音楽評論家がどういうふうにインドネシア音楽を評価していたのかというと、ポップ・クレアティフに関してはあまり評価されなかったんです。例えば「インドネシア的かどうかという以前に音楽としての魅力が乏しい」とか、「この程度の音楽がウケてるなら」とか結構きついことが言われています（田中勝則『インドネシア音楽の本』北沢図書出版、一九九六）。この理由についてはいろんな考え方ができるんですけども、ひとつは、こういうエリートによる都会的で洗練された音楽が、エキゾチックな対象としてのインドネシアから醸し出されると、ワールドミュージックという文脈のなかではそこまで魅力に感じられなかったという可能性です。ワールドミュージック愛好家の人たちからすると、下層の、つまり貧乏人が土着的な音楽として、ハイブリッドな感じで生み出すいわゆる庶民的な歌謡曲のほうが、本質主義的なエキゾチックなまなざしにとっては好ましい評価の対象になったということです。逆に、洋楽のモノマネみたいなポップ・クレアティフは、それこそ洋楽志向的すぎるから、非西洋的な要素が薄くて面白みに欠けるとみなされて評価がされにくかったのだと思います。

ポップ・クレアティフの再評価

ここまでポップ・クレアティフとニューミュージックを比較してきましたが、ニューミュージックと違い、ポップ・クレアティフはあまり売れたわけではありません。ニューミュージックは例えば松田聖子がのちに歌謡曲界に進出していったように、ちゃんと売れましたよね。一方でポップ・クレアティフはそうでもない。ダンドゥットなどインドネシアの他の庶民的な音楽ジャンルのほうがよっぽどウケていました。所詮ポップ・クレアティフというのは、エリートが聴く音楽でしかなかった。日本以上に経済格差が大きくて、中間層がそこまで大きくないインドネシアのような国では、そうした音楽受容の差が顕著だった、ポップ・クレアティフを受容するパイが小さかったということです。実際にミリオンセラーとなっていたのはポップ・クレアティフではなくて、同じようなポップスでも土着志向の強いポップ・ムラユやポップ・チェンゲンと呼ばれた歌謡曲系のバラードソングでした。ポップ・クレアティフのなかでもファリスRMなんかはある程度商業的に成功した例ではありましたけど、ミリオンセラーには恵まれませんでした。

けれども、それがここ二〇年くらいで変化してきました。そのきっかけは、だいたい二〇〇〇年代以降、インディ・ポップ系の人たちがポップ・クレアティフを再評価しはじめたことです。その代表格としてソレ（SORE）、ホワイト・シューズ（White Shoes & The Couples Company）というバンドがあげられます。僕、このホワイト・シューズの〈Selangkah Ke Seberang〉（二〇一〇）を初めて聴いたとき、めっちゃいい曲だと思ったんですよ。それでいろいろ調べていったら、この曲は実はカバーで、その原曲がさっき言ったファリスRMの曲だったんです。原曲は一九八〇年、さっきの〈Sakura〉とリリース時期が一緒です。ちなみに、ファリスRMによると、その頃はジャカルタで世界的な『サタデー・ナイト・フィーバー』（一九七七）の流行もあって、ディスコ・ブームが到来してたから、それをどうにかインドネシアの文脈で再現できないかなと考えて楽曲をつくったと言っています。いずれにしろ、こういうふうに、七〇年代のポップ・

クレアティフ、いわゆるシティ・ポップっぽいものを、二〇〇〇年代のインディ・ロック／ポップ系の人たちが、「実はこれってすごく魅力的なインドネシア・ポップなんだ」と評価していくんですね。音楽評論家もそうで、ある種の史観として、グル・ギプシーを始祖として、ファリスＲＭから脈々と続くインドネシア・ポップス史みたいなものをつくりあげていく。このような動きが二〇〇〇年代以降起きていって、これがいまのシティ・ポップ・ブームに一番つながる部分だと思います。

これまでにも見てきたようにポップ・クレアティフは、英米のポップやロックに影響を受けていたわけです。つまり二〇〇〇年代に起きたのは、日本のシティ・ポップに影響を受けた結果として生まれたというよりも、自分たちの過去にすでにあった「シティ・ポップ」＝ポップ・クレアティフを参照元として、それを現代風に再解釈した結果だということです。それが日本的な文脈から見るとシティ・ポップのようだったというわけですね（金悠進「アジア」永冨真梨ほか編『クリティカルワード ポピュラー音楽』フィルムアート社、二〇二三）。ここにちょっとズレがあり、面白いポイントです。

日本からは見えないローカル

最後に、それがものすごく現代的なかたちで、今まさに起きている現象として二〇二〇年代以降に起きていることを紹介して終わりにしたいと思います。

二〇二〇年、レイニッチが爆発的にヒットした時期に、実はローカルでヒットしていた音楽があります。それがディスコリア（Diskoria）というＤＪです。〈Serenata Jiwa Lara〉という二〇二〇年の曲なんですが、これ実は元ネタがありまして、一九八〇年にグル・スカルノプトラがつくった〈Lagu Putih〉という曲にインスパイアされているんですね。

それから二〇二一年にヒットしたディスコリア〈C.H.R.I.S.Y.E.〉の「クリシェ」というのは、まさに先ほどお話したグル・ギプシー周辺で活躍していたスター・ポップ歌手です。歌詞にクリシェの代表曲の引用を散りばめて、あからさまに過去のインドネシア・ポップに対するリスペクトを表現していきます。もっとあからさまなのが、例えば先ほど触れた一九七七年のポップ・クレアティフの名盤と言われている〈Badai Pasti Berlalu〉のジャケットをそのまま借用して、二〇一九年に〈Balada Insan Muda〉というシングルをリリースしました（**図3**）。このディスコリアの戦略としては、いまの若者にとっつきやすいように、過去のポップ・クレアティフにディスコやファンク、ソウル、そういうふうなアレンジをしたんですね。その結果として、ちょうど二〇一〇年代後半のディスコリアを中心とする「シティ・ポップ」的なインディ系ミュージシャンの登場が、世界的なシティ・ポップ再評価の流れと並走していくんですね。

図3〈Balada Insan Muda〉（2019）

レイニッチとイックバルだけを見ていると、このようにローカルでガチで活動して売れてる曲や、実際にローカルな歴史的文脈のなかで形成されてきた「シティ・ポップ」史が見えてきません。そういう深いところを七〇年代、八〇年代からの通史的な連続性のなかで見ていったほうが、東南アジアの「シティ・ポップ」というものの実態を理解するうえでは大事なんじゃないかと個人的には思います。

最後にふたつのアルバムだけ紹介しておきます。二〇二一年、二枚のいわゆる「シティ・ポップ」コンピレーションというのがリリースされました。実は偶然このふたつがすごく似てるんですよね。『Lagu Baru Dari Masa Lalu』と『Tanamur City: Indonesian Aor, City Pop & Boogie 1979–1991』です（**図4**）。ふたつに共通しているのは八〇年代ポップ、いわゆる「シティ・ポップ」を取り上げているということです。ただ、ちょっと違いがあるんですね。その違いが面白いポイントで、一個目の『Lagu Baru Dari Masa Lalu』は、ものすごく単純に訳すと「温故知新」みたいなアルバムです。これはカバー集なんですが、インドネシアの現行の若手インディ系のアーティストたちが、八〇年代「シティ・ポップ」縛りで国内のローカルなアーティストに絞ってカバーをしています。しかも、そこまで有名じゃない、売れてない曲をあえてカバーするんです。竹内まりやとか日本の八〇年代シティ・ポップを一曲も取り上げず、世界的なシティ・ポップ・ブームのなかで、自分たちにとっての、インドネシアのシティ・ポップとは何なのかっていうのを模索していくひとつの例として、自分たちにはこういう歴史があるんだということを表現しているわけですね。そういう意味で、これはかなりロ

図4　左『Lagu Baru Dari Masa Lalu』（2021）／右『Tanamur City: Indonesian Aor, City Pop & Boogie 1979–1991』（2021）

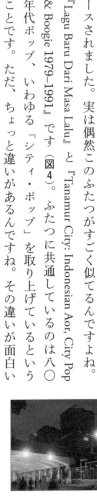

ーカル向け。インドネシア向け、内向きにつくられたものといえます。

もう一個の『Tanamur City』というのは、外向きのシティ・ポップです。このアルバムはサブタイトルに「シティ・ポップ」とあるんですね。でも中身はさっきの『Lagu Baru Dari Masa Lalu』とほぼ一緒で、八〇年代インドネシアのシティ・ポップ縛りなんです。一切日本とか国外のアーティストは入っていなくて、国内だけに絞っているんですね。でも、あえて「シティ・ポップ」と冠することで海外の一部マニア向けに売り出していて、実際にリリースしたのは「Culture of Soul」というアメリカのレーベルです。

自分たちの音楽は、八〇年代にシティ・ポップと呼ばれていたわけではないけど、いま考えるならこれもシティ・ポップっぽいよね、と再解釈して外向けにアピールしていく。という意味で、このふたつのコンピレーション・アルバムは中身やコンセプトはすごく似てますが、ベクトルが違っていて、比較として面白いと思います。ちなみに『Tanamur City』の「Tanamur」っていうのは、インドネシアで初めて出来たディスコの名前ですね。ジャカルタにありました。

「思い込み」みたいなものを相対化することがアジアのシティ・ポップを考える際には重要だと思います。ひとつは東南アジアの「シティ・ポップ」が必ずしも日本のシティ・ポップの影響によって「つくられた」わけではない、それは歴史的な連続性のなかであったんだ、というところ。それから、「日本のシティ・ポップの再評価」に関しては東南アジアがひとつの火付け役とみられているけれども、むしろ東南アジアのローカルな文脈においては、実は「国内の「シティ・ポップ」の再評価」にベクトルが向いている、というところ。そういう意味では、日本スゴイ言説と絡めると、例えばレイニッチとかイックバルとかがシティ・ポップのカバーをしてくれるのは素晴らしいんだけども、それだけを見ていると、やっぱり「日本のシティ・ポップが海外でウケてるんだ」ということの証左として、東南アジアが都合の良い他者として消費されかねないわけです。そういう他者表象から脱却していくためには、その地域の文脈に寄って立って、シティ・ポップ・ブームを相対化して、ポップ・クレアティフしかり、社会的な背景しかり、その文脈を考えてみることも音楽のひとつの楽しみ方だと思います。

第8講

リバイバルのテクスチャー

スタジオ・ミュージシャンとテクノオリエンタリズム

大和田俊之（おおわだ・としゆき）

1970年生まれ。慶應義塾大学法学部教授。専門はポピュラー音楽研究。著書に『アメリカ音楽の新しい地図』（筑摩書房、2021）、『アメリカ音楽史』（講談社、2011）、編著に『ポップ・ミュージックを語る10の視点、2020』（アルテスパブリッシング）。その他に長谷川町蔵との共著『文化系のためのヒップホップ入門1、2、3』（アルテスパブリッシング、2011、18、19）など。『山下達郎のBRUTUS SONGBOOK』（マガジンハウス、2018）の解説を担当。

きょうはおもにアメリカを中心とする海外でのシティ・ポップ再評価についてお話しできればと思っています。そもそも僕が実感したシティ・ポップ・リバイバルは、二〇一七年くらいに竹内まりやさんの〈プラスティック・ラヴ〉（一九八四）がアメリカで流行っていることに気づいたときです。ただし、最初はあまり信用していなかったんですね。日本の音楽業界はたまに「海外で日本の音楽がこんなにウケている」となかば捏造してニュースにするので、今回もその一環かなと冷めた目線で見ていました。

ところが、その頃、僕はイエロー・マジック・オーケストラ（ＹＭＯ）について国際学会で発表し始めていたのですが、そこで実際に海外の研究者がシティ・ポップについて関心を持っていることを知りました。「いや、これは日本の音楽業界主導というわけではなくて、本当にちょっとムーヴメントになってるのかな」と考え直して、それ以来、割とずっと興味をもって見てきたんですね。

これまでの講師の先生方からもいろいろお話しがあったはずですが、海外でのシティ・ポップ再評価の文脈はいくつかあると思っています。きょうは次の三点を指摘したいと思います。

まずは二〇一〇年代初頭くらい、カナダやアメリカ西海岸のアーティストによる細野晴臣・YMOの再評価。あとでお話ししますが、マック・デマルコやデヴェンドラ・バンハートといったミュージシャンたちが細野晴臣さんへのリスペクトについて言及しはじめます。

あともうひとつ、僕が信頼する音楽ライターの松永良平さんも指摘しているとおり、かなり重要なこととして二〇〇五年にアメリカでスタートしたオンライン・ビデオの『ヨット・ロック』というシリーズがあります。YouTubeの登場とほぼ時を同じくして、ヨット・ロックやアダルト・オリエンテッド・ロック（AOR）、ウエストコースト・サウンドの再評価が出てきます。最後にインターネット・ミュージック。ヴェイパーウェイヴやフューチャー・ファンクにおけるシティ・ポップの再評価という文脈ですね。これもあとでお話ししますが、「資本主義の終わり」に関する議論とテクノオリエンタリズム。

これらはもちろんそれぞれ固有の文脈もありつつ、相互にオーバーラップするかたちで、海外、とりわけ欧米のシティ・ポップ再評価がつくられてるんじゃないかということですね。

細野晴臣という存在

最初は、カナダやアメリカ西海岸のアーティストによる細野晴臣さんの再評価についてです。たとえばマック・デマルコというカナダ出身のシンガーソングライターは、二〇一二年の『2』というアルバムで『HOSONO HOUSE』（一九七三）にオマージュを表しています（**図1**）。フォントを見てもわかると思いますが、本人が二〇一四年のYouTubeビデオで細野さんのジャケットのフォントをパクろうと思った、と発言しているんですね。

彼の音楽性を考えると、具体的にどのように影響を受けているのかちょっとわかりにくいところはありますが、インタビューを読むと、細野さんの音楽家としての活動、フォークロックから八〇年代のエレクトロニック・ミュージックに至る多彩な音楽的キャリアをとにかくリスペクトしているようです。あるYouTubeビデオで彼は細野さんのことを次のように紹介しています。

> ハリー・ホソノ、ハルオミ・ホソノ。多分ファースト・ネームの発音が間違っていると思うけど。彼は日本のイエロー・マジック・オーケストラのメンバーだけど、それ以前もそれ以降もあらゆる音楽をプレーし続けてきた。どれだけ聴いても彼にはまだ聴くべき新しい音楽に事欠かないし、本当にいろいろな、ものすごく変わったスタイルの音楽をやっている。日本でまだ現役で活動していて、まったくもってアメイジングだよ。

図1　細野晴臣『HOSONO HOUSE』(1973)とMac DeMarco『2』(2012)のジャケット。タイトルロゴのフォントがよく似ている

マック・デマルコ自身の音楽を聴くと、たしかに細野さんの曲を知っている人にとっては七

〇年代初頭の楽曲に雰囲気が似ていなくもないけれど、まあこれを影響といえばそうなのかもしれない、という程度でしょうか（笑）。

細野さんは二〇一九年、コロナ禍の直前に渡米してロサンゼルスとニューヨークでコンサートをしていますが、その際にもマック・デマルコはステージに登場して共演を果たしたり、いろんな音楽メディアでも対談をしていたり、非常に細野さんをリスペクトしています。

マック・デマルコは海外では比較的有名なシンガーソングライターなので、こういう人のインタビューを通して細野さんの名前が広まったというのはあると思います。ただ僕自身が思うのは、この細野さんの七三年くらいのサウンドというのは、いま一般的にリバイバルの対象とされているシティ・ポップとちょっと違うのではないかということです。あとでお話しするように、いまシティ・ポップとして再評価されているのは、七〇年代後半から八〇年代前半の日本の楽曲が中心ではないかという気がしているんですよね。僕はこの数年の差が決定的に重要だと思っていますが、それは今回のシティ・ポップ・リバイバルが、マック・デマルコのように特定のミュージシャンの活動に関心を向ける層と、もっと即物的にシティ・ポップ・サウンドそのものを消費する層とが微妙に重なり合って成立しているように見えるからです。

ヨット・ロック

次に「ヨット・ロック」です。本題に入る前に、少し別の話をしたいと思います。これは個人的にもとても大事なことなのですが、七〇年代後半から八〇年代前半の英米を中心とするポピュラー音楽が、どのように語られてきたかという問題です。いわゆる正統的なロック・ファンがどのように音楽を価値づけ、語ってきたかといってもいいと思うんですが。

七〇年代後半から八〇年代前半にどういうジャンルがあったかというと、まずはパンクですよね。パンクが誕生してニュー・ウェイヴや、ポストロックが台頭する。その一方で、海外ではあまりこの用語は使いませんが、AOR、そしてフュージョンというジャンルも出てくる。ここで強調したいのは、いわゆる「音楽好き」、ロック・ファンを中心とする音楽好きには、パンクロック、ニュー・ウェイヴ、ポストロックは肯定するけれども、AOR、フュージョンは否定する人が圧倒的に多かったということです。

たとえば、日本の音楽ジャーナリズムのもっとも正統的なメディアの一つと言っていい『ミュージック・マガジン』一九九四年一〇月増刊号の『ミュージック・ガイド・ブック』に、それぞれのジャンルがどのように記述されているか見てみましょう。パンク、ニュー・ウェイヴの項目は、日本を代表する音楽ライターの大鷹俊一さんが次のように書いています。

やり場のない衝動と社会的なフラストレーションが絶妙のタイミングでクラッシュして一挙に吹き上がった。一過性のブームに終わると言われた時もあったが、その後遺症、精神を受け継いだものは至る所に存在している。(…)前にパンク最大の功績はインディ・レーベルにあると書いたが、それはとりもなおさずあらゆる音が世に出る可能性を開いたということである。パンクの精神は、既成の形にこだわらないということだ。（…）しかし、やはりいま必要なのは、昔のパンク・バンドを音として聴くことじゃなく、いまの時代にパンクの精神を継承している人々の音に立ち向かうことなのだ。

精神、要するにパンク・スピリット。もはや音とかどうでもいいんじゃないかと個人的には茶々を入れたくなりますが、パンクの精神みたいなものがロック・ファンにとっては一番大事で、こうした音楽を聴くことがオーセンティックな、正統的なロック・ファンとしては正しい態度だとされていた時代が長く続いたと言えます。

それに対して、AOR、フュージョンについては、同じく日本を代表する音楽評論家の北中正和さんがこのように書いています。

六〇年代の若者たちのスローガンの一つは「ドント・トラスト・オーヴァー・サーティ」つまり三〇歳以上の人は信用するな、だった。しかし七〇年代の半ばになるとロックで育ってきたミュージシャンや聴衆は、三〇代、四〇代に突入し、誰も「ドント・トラスト・オーヴァー・サーティ」とは言わなくなった。ロックがティーンエイジャーの反抗の音楽であるという説明も、タキシードを着て「ロウダウン」を歌うボズ・スキャッグスには通用しなくなった。そこでAOR（アダルト・オリエンテッド・ロック）という言葉が生まれた。（…）こうした音楽の聴き手は小銭に不自由しない大人だったため、アルバムの売れ行きが飛躍的に増大し、一九七六年から一〇年間でアメリカのレコードの売上は三倍になった。

まず、北中さんの文章は大鷹さんの上の文章に比べてきわめてテンションが低いことに注目してほしいと思います。「小銭に不自由しない大人のための音楽」なんですよ、AORは（笑）。そこにはパンク・スピリットとか、ロックをロックたらしめていた、インディペンデンスやフラストレーションや衝動、そういったものは何もない。繰り返しますが、「小銭に不自由しない大人」のための音楽としてAORは価値づけられていた。

僕は大学時代に、リアルタイムではないものの、この「小銭に不自由しない」AOR系の音楽サークルにいたんですね。というか、今日の講義に直接関係があるのでいうと、竹内まりやさんが学生時代に活動していたサークルに所属していました。まりやさん、山下達郎さん、吉田美奈子さんなどの日本のニューミュージックと、AORやブラックコンテポラリーの曲をおもなレパートリーとするサークルです。そのときによく言われたのが「テクニック至上主義」。この「テクニック」というのは、必ずしもヘヴィーメタル的な、どれだけ早く演奏できるかというものではなく、難解なコード進行と複雑なリズムの曲を演奏するテクニックという意味ですが、いずれにしても、お前ら楽器はうまいかもしれないけどスピリットがない、みたいなことをほんとうによく言われたんですよ。僕らも、まあそれはそうかもしれない、と半ば納得しながら演奏していたわけですが（笑）。

個人的な話に脱線してしまいましたが、同じ時代に誕生したパンクからニュー・ウェイヴの系譜と、AORやフュージョンなどの音楽ジャンルは一九九〇年代の日本でもこのように評価されていた、ということは心に留めておいてほしいと思います。

そして二〇〇五年に、アメリカの「チャンネル101」で『ヨット・ロック』というオンライン・ビデオ・シリーズが始まります。番組の冒頭、次のようなナレーションが入ります。

一九七六年から八四年まで、ラジオはスムースな、シルキーな音楽によって支配されていた。それはヨット・ロックと呼ばれた。

もちろん、実際はそんな用語で呼ばれていたことはなくて、「ヨット・ロック」というジャンル名はこの番組で作られた造語です。つまり、北中さんの定義通り、AORは小銭をもった大人たちがヨットに乗りながら聴くような音楽だと、このジャンルの軽薄さを揶揄しているわけです。またこのナレーションで忘れてはならないのは、当時これらの音楽は流行っていて、売れていたんですね。ヒットしていたけれど、というか、ヒットしていたからこそ、ロックの正統性概念では低く評価されていた、という点は重要です。

最初のエピソードで描かれるのが、ドゥービー・ブラザーズの代表曲〈What a fool believes〉(一九七九)です。番組ではその後もマイケル・マクドナルド、ケニー・ロギンス、ホール・アンド・オーツなどが取り上げられ、彼らの曲が作られた背景が面白おかしくストーリー仕立てに展開されます。こうして一九七六年から八四年までに流行したAOR・フュージョン、あるいはブルーアイド・ソウルと呼ばれていた曲を一つひとつ、エピソードにすることで人気コメディ・シリーズになったんですね。念の為に、いまマイケル・マクドナルドと字幕に出ましたが（図2）、いうまでもなく本人ではないですよ。半ば素人が演じているだけですから（笑）。

先にお話ししたように、ＡＯＲを小馬鹿にするという態度自体はとくに珍しいとはいえないものの、このシリーズが重要なのは、番組の作りがあまりに精巧であるために、結果的に「ヨット・ロック」的な音楽の再評価につながった側面があるということです。

図2 「Yacht Rock Episode 1」に登場する偽者のマイケル・マクドナルド（https://www.youtube.com/watch?v=jMTI8vg7A5U より）

僕が驚いたのは、このようなアメリカの「ヨット・ロック」ブームを受けてか、二〇一〇年代に入ってサンダーキャットやソランジュといったミュージシャンがＡＯＲ系の音楽家にリスペクトを表明し始めるんですね。いうまでもなくソランジュはビヨンセの妹で、インディ・ミュージック界の歌姫のような存在です。サンダーキャットはアメリカ西海岸を拠点とするベーシストで、ソロとして活動する以外に、ケンドリック・ラマーなどのアルバムにも参加しています。どちらも一般的に「センスのいい音楽」として認識されており、ＡＯＲやフュージョンなどのジャンルにつきまとう浅はかなイメージとは無縁のミュージシャンです。サンダーキャットはマイケル・マクドナルドとケニー・ロギンスをフィーチャーした〈Show You The Way〉を二〇一七年にリリースしますし、ソランジュは二〇一七年にフロリダ州で開催されたオキチョビー・ミュージック&アーツ・フェスティバルに出演した際、マイケル・マクドナルドとステージで〈What a fool believes〉(一九七八)を披露すると、自分のインスタグラムにその共演写真を次のようなコメントとともに投稿しました。

私のことを知っている人なら誰でも、私にとってドゥービー・ブラザーズが音楽/和声/コード進行を学ぶ上でのヒーローで、自分自身を鼓舞するために毎日〈It Keeps you runnin'〉を聴いていることを知っている。マイケル、楽しかったわ。

これには本当にびっくりしたというか、サンダーキャットやソランジュの言葉にAORに対する揶揄の感覚はないんですよ。というより、二人とも確かにAORやフュージョンを受け継いでいるというか、比較的込み入ったコード進行の曲を多くつくる音楽家として知られています。先ほどから繰り返している通り、AORやフュージョンは分数コードだったり、(九度、十一度、十三度などの)コードエクステンションを使う、ポップ・ミュージックとしては複雑な音楽理論に基づいた音楽です。それが、七〇年代から八〇年代のパンク、ニュー・ウェイヴ全盛の、いわば「破壊的な」音楽を良しとするロック的な価値観ではあまり評価されなかった。

ところが、二〇一〇年代に入ってアメリカの音楽シーンでAORやフュージョンがこのような形で再評価されている。おそらくここには今の若い世代のミュージシャンの特質が現れているというか、たとえば、以前のように親に反抗するというマインドセットは希薄で、もう少し勤勉に音楽を構築する傾向が強いように思います。セカンダリー・ドミナントや代理コードなど、五線譜上の音符の操作を疎かにしないというか、そうした真面目さをこの世代のミュージシャンからは感じるんですよね。パンクスピリット的には、音楽理論なんてそれこそ侮蔑の対象でしかないわけですが、そうした価値観そのものが一周回って見直されているのかもしれません。まあこれも、音楽シーンのきわめて限定的な界隈の話ではあるのですが。

いずれにしても、こうした傾向が日本のシティ・ポップが海外で再評価されている現象とどこかでつながっていると思うんですよね。いうまでもなく、シティ・ポップも小洒落たコード進行を特徴とする音楽ですし、このような音楽がアメリカで再評価されていることと、まったく無関係ではないはずです。

インターネット・ミュージック

三番目は、ヴェイパーウェイヴ、フューチャー・ファンクなど、一般的にインターネット・ミュージックと称される音楽の存在です。ご存知の方も多いかもしれませんが、これらは匿名性の高いエレクトロニック・ミュージックで、しばしば日本の八〇年代のイメージがモチーフになっている。そのなかで、たとえば山下達郎さんなどの楽曲も数多くサンプリングされています。

マクロスMACROSS82-89というアーティストの〈NEW DAWN〉(二〇一三)という曲は、達郎さんの〈MERRY GO ROUND〉(一九八三)という曲がほとんどそのまま使用されていますし、セイント・ペプシ(現スカイラー・スペンス)の〈Skylar Spence〉(二〇一三)も、同じく達郎さんの〈Love Talkin'(Honey It's You)〉(一九八二)をだいぶ加工しつつもサンプリングしています。ちなみにこうしたムーヴメントにおいて、山下達郎さんの長いキャリアの中でもとりわけ評価が高い、あるいはサンプリングされることが多いのは一九八〇年代前半のアルバム、とくに『FOR YOU』(一九八二)なんですよね。

ヴェイパーウェイヴやフューチャー・ファンクに関してはいろんな論点があって、今日の話とは直接関係ないことも多いので省略しますが、一つ重要なのは、それが一九八〇年代の消費社会や資本主義、広告やテクノロジー、そういったものに対するノスタルジーや感傷が、シュルレアリスティックで夢遊病者的なイメージとともに描かれているということです。

日本のシティ・ポップも、その文脈においてヴェイパーウェイヴやフューチャー・ファンクに召喚されている。海外でシティ・ポップが紹介された初期の事例として興味深いのが、スタンフォード大学の学生新聞『スタンフォード・デイリー』ですが、二〇一八年一月二三日付けの記事でシティ・ポップは"The sound of the Japanese postwar economic miracle"(戦後日本の奇跡的な経済発展のサウンド)という見出しとともに紹介されている。シティ・ポップ流行の源泉には、このように一九八〇年代の日本に対するノスタルジーの感覚があるとよく言われています。

正直に言うと、僕自身はこの解釈に完全にはノレてないんですよね。なんとなく理屈はわかるんですが、「一九八〇年代の消費社会へのノスタルジー」のような概念的な聴取をみんながしているとは思えない。もっと、シティ・ポップのサウンドそのものへの関心、あるいは耽溺があるのではないかという問題意識が、僕のシティ・ポップ・リバイバルに関する解釈と関係してくるのですが、それはまたのちほど。

こうした「消費社会へのノスタルジー」は、いうまでもなくポストモダン論とも接続されるわけですが、その最重要文献のひとつ、フレデリック・ジェイムソンの『ポストモダニズム――あるいは後期資本主義の文化の論理（Postmodernism : Or, the Cultural Logic of Late Capitalism）』（未邦訳、一九九二）や、マーク・フィッシャー『資本主義リアリズム』（堀之内出版、二〇一八［二〇〇九］）を思い起こしていただければと思います。ジェイムソンにしてもフィッシャーにしても、新しい文化はない、すべては過去のカルチャーの模倣でありパスティーシュである、その点においてノスタルジーが不可避的な感覚としてつきまとうということを述べています。その文脈で、八〇年代バブル期の日本に対する関心が浮上するのは、たしかにわからないでもない。

これは余談ですが、僕は二〇二〇年に在外研究でアメリカに一年間滞在したんですね。そのとき韓国系の学生とシティ・ポップ・リバイバルの話になって、「これだけ世界でK-POPが流行っていて、なんで日本の八〇年代にノスタルジーを感じるの？」と尋ねたんです。その答えで面白かったのは、もちろんK-POPなどの韓国のカルチャーがすごく勢いに乗っているのはたしかだけれども、では韓国の国民がみんな豊かになっているかといえば全然そんなことはなくて、むしろ格差は広がっている。富める人がどんどん富んで、貧しい人はさらに貧しくなっている。だからこそ、幻想かもしれないけれども、ミドルクラスを中心に社会全体が豊かになった八〇年代の日本に対する憧れが強くあるんだ、というものです。もはや新しいものは何もなく、すべてのカルチャーはパスティーシュである、という「歴史の終焉」を前提としたときの、経済的な豊かさも含めた最後の希望（その後の強烈な「崩壊」も含めた）を体現した一九八〇年代の日本に対するノスタルジーが共有されているのかなと、少し考えたんですね。

あと、このノスタルジーの概念に関して面白いのは、YouTubeでシティ・ポップ関連の動画を見ていると、「うわあ、この曲懐かしい。当時、僕も東京で働いていて、こういう曲がたくさん流れてたんだよね。懐かしいなあ。あ、でもおれ二〇〇〇年生まれだった」というコメントがすごく多い。最後の、「あ、でもおれ二〇〇〇年生まれだった」というオチまでがセットでコメントになっている。当然、二〇〇〇年生まれの若い人は、一九八〇年代の日本を経験していない。それは捏造されたノスタルジーなんだけど、その虚構性にも自覚的である、ということをぜんぶ踏まえたうえでのノスタルジーであると。これはたしかにジェイムソンのポストモダン論とも合致する現象であり、きわめて興味深いと思います。八〇年代の日本に対する捏造された、人為的につくられた郷愁と言ってよいかもしれません。

スタジオ・ミュージシャンの再評価

では最後に、こうした論点を踏まえて、僕自身が考えていることを少しお話しできればと思います。みなさんご存知のとおり、竹内まりやさんの〈プラスティック・ラヴ〉がシティ・ポップ・リバイバルを象徴する曲になっていますが、あらためて聴いてみましょう。素晴らしいですね。リズム隊を担うのが伊藤広規《こうき》さんのベースと青山純さんのドラム。この、ベースとドラムを中心とするグルーヴが非常に印象的な曲です。

ここで少しリバイバルの経緯を細かく見てみましょう。アメリカの音楽メディア、ピッチフォークのライターであるキャット・ザンさんがこのことについて二〇二一年五月一八日付けの記事で詳細に書いていますが、まず二〇一七年七月に「Plastic Lover」名義のユーザーがこの曲のリミックスをYouTube上にアップした。そのとき、なぜか彼は〈Sweetest Music〉（一九八〇）という、竹内まりやの別の曲のジャケットをサムネイルとして添えたんですね（図3）。ちなみにこの写真を撮影したのはロサンゼルスを拠点とする写真家、アラン・レヴェンソンです。

その後、Plastic Loverはこの動画を一度取り下げます。当然レコード会社からクレームが入ったからだとみんな思ったわけですが、実は訴えたのはその写真家のレヴェンソンだったそうです。この時点でいろいろ意味がわからないというか、だってそもそも間違ってるんですよ。〈プラスティック・ラヴ〉という曲に合わせて、〈Sweetest Music〉という別の曲のジャケットが映し出されている。でも面白いのが、どうもこのジャケットじゃないと再生回数が増えないらしいんですね（笑）。

図3〈Sweetest Music〉（1980）

このアラン・レヴェンソンの写真は、実は竹内まりやさんがアルバム『Miss M』（一九八〇）のレコーディングで西海岸を訪れたときに撮られたものです。それが〈プラスティック・ラヴ〉にはめられて、アップされた。レヴェンソンの訴えによって一度は取り下げられたけれども、二〇一九年に和解して、クレジット付きで再びアップロードされました。これはヴェイパーウェイヴやフューチャー・ファンクについてもいえることですが、日本のアニメやイラストなど、シティ・ポップはヴィジュアル・イメージとセットで流行している側面が強い。その意味で、このアルバムジャケットじゃないと再生回数が増えないというのは意外に大事なことかもしれません。しかも、それが別の曲のジャケ写であるという点は、先ほどからいっているノスタルジーの虚構性、捏造性を考える上でも興味深いですよね。

もう一曲、シティ・ポップ・リバイバルを代表するのが、松原みきさんの〈真夜中のドア〜stay with me〉（一九七九）です。これは完全にTikTokで始まったブームのようで、日本人あるいは日系の子供がお母さん（おそらくバブル世代の日本人女性）にこの曲を聞かせると、お母さんが踊りだすという映像がとても流行ったみたいです（笑）。二〇一九年の暮れに、この曲がSpotifyのバイラルチャートで一位を取るという、これもよく考えると意味がわからない、とんでもないヒットになるわけですね。

これは林哲司さんが作曲した曲ですが、元ネタがあって、前の年にリリースされたキャロル・ベイヤー・セイガーの〈It's the Falling in Love〉をあきらかに下敷きにしています。日本の音楽業界、だいたい一九九〇年代の安室奈美恵さんぐらいまではそうだったといっていいと思いますが、多くの作曲家は英米を中心とする最新のヒット曲を参照しながら作曲していました。筒美京平さんが毎週、ビルボードチャートの上位曲を全部チェックしていたという話は有名ですよね。林哲司さんも一九七八年のこの曲か、実はマイケル・ジャクソンが翌年にリリースした『オフ・ザ・ウォール』でこの曲をカバーしているのでそちらを聴いた可能性もありますが、いずれにしてもこの曲を参考に〈真夜中のドア〉をつくったと思われます。

興味深いのは、シティ・ポップの曲によってはこのようにはっきりとした元ネタがあるにもかかわらず、アメリカではそのことがほとんど言及されず、〈真夜中のドア〉がシティ・ポップとして、純粋に日本産の音楽として認識されている点です。ここにも起源の忘却というか、捏造されるノスタルジーの問題を指摘できるかもしれません。

さて、〈真夜中のドア〉ですが、この曲で実際にクレジットされているミュージシャン、特にリズム隊はドラムの林立夫さんとベースの後藤次利さんです。全編にわたって後藤次利さんがアンソニー・ジャクソンを彷彿とさせるフレーズを弾いていて、この時代のベーシストに詳しい人であれば思わずニヤっとさせられます。

ここで、海外のシティ・ポップ再評価の文脈で非常に重要な役割を果たしたエヂ・モッタについてお話ししたいと思います。ブラジル出身のミュージシャンであり、レコード・コレクターとしても知られるモッタは二〇一三年に『AOR』というアルバムを発表します。このジャンルの熱心なファンである彼は、それに合わせて翌年に『AOR Mix』というミックスをリリースします。さまざまな国のレアなAORの曲を集めたものですが、ここに松下誠の〈ファースト・

ライト〉（一九八一）と、大貫妙子の〈サマー・コネクション〉（一九七七）が収録されているんです。このミックスは好評で、数ヶ月後には続編『AOR Mix 2』がアップされますが、今度は山下達郎の〈Love Talkin'〉や、達郎さんがプロデュースした池田典代の〈Dream in the Street〉（一九八〇）が入っていました。

ちなみにこの二つのミックスでエヂ・モッタはすべての曲にコメントを添えています。それが非常に興味深いので引用すると、松下誠の曲に関しては次のように書いています。

これはのちに「J-POP」と呼ばれるようになる、日本のAORのサブジャンル「シティ・ポップ」の代表曲である。このスタイルをもっとも完璧に表現するのが、ギタリストで作曲者として知られる松下誠のアルバム『ファースト・ライト』。偉大な天才、山下達郎と同じレーベルでレコーディングされたものだ。この珠玉の作品には、ドナルド・フェイゲンの『ナイトフライ』に匹敵する精密さがある。

ここですでに、このジャンルの「偉大な天才（great genius）」として山下達郎が言及されますが、重要なのは最後の文だと思っています。松下誠の『ファースト・ライト』は、AORの名盤として知られるドナルド・フェイゲンの『ナイトフライ』（一九八二）にも勝るとも劣らない「正確さ／精密さ（accuracy）」があるという評価です。

では『AOR Mix 2』に収録されている山下達郎の〈Love Talkin'〉についてはどのようにコメン

トしているでしょうか。

日本のポップ・レジェンドであり、彼のアンセムのひとつ。完璧なグルーヴ構造は、ソーラー・レコードのダイナスティーやシャラマーの名曲群を彷彿とさせる。

この「完璧なグルーヴ構造（perfect groove architecture）」というフレーズは、まさにパンチラインですよね（笑）。

ここで記される「正確さ／精密さ」、「完璧なグルーヴ構造」という評価がシティ・ポップ・サウンドの典型的な受容だと考えると、海外のシティ・ポップ・リバイバルは、簡単にいうと日本のスタジオ・ミュージシャンの再評価ではないかと僕は思っているんですよ。よく知られるように、細野晴臣さんのキャラメル・ママ、ティン・パン・アレー（細野晴臣、鈴木茂、林立夫、松任谷正隆）を中心に、凄腕のスタジオ・ミュージシャンが一九七〇年代の日本の音楽シーンに数多く現れました。〈真夜中のドア〉でドラムを叩いている林立夫さんはまさにキャラメル・ママのメンバーですし、先ほどからお話ししてきた、山下達郎さんのサウンドを決定づけている伊藤広規さん（ベース）と青山純さん（ドラム）、あるいは後藤次利さんといった面々もこの時代を代表するセッション・ミュージシャンといっていいでしょう。他にも岡沢章、高水健司、小原礼（ベース）、村上秀一、山木秀夫、上原裕（ドラム）、松木恒秀、大村憲司、松原正樹（ギター）、深町純、佐藤博、難波弘之など（敬称略）、まさに綺羅星のごとく、おもに一九五〇年代生まれでロックやフュージョンの感覚を完全に身につけた日本のセッション・ミュージシャンがニューミュージックだけではなくて、アイドル歌謡のバックでも弾きはじめる。

いま松下誠さんの曲を聴いてもらいましたけど、ものすごくリズムがタイトで、ベースとドラムの合い方、そのグルーヴ感がちょっと異常なくらい。この点について、村上「ポンタ」秀一さんが亡くなったとき、山下達郎さんが『文藝春秋』のインタビューで、それまでのレコード会社専属のバンドやハコバンとは違う人たちがスタジオ・ミュージシャンとして台頭してきたと答えています。曰く、「そうしたなかで、僕らのような（既存の歌謡曲のシステムから距離を置いた）いわゆる日本のロックやポップス、サブカルチャーから出てきた音楽には、もう少し違うミュージシャンとの連携があった。歌手だけじゃなく、演奏する側にも記名性が出てきた」と。スタジオ・ミュージシャンの匿名性と記名性の問題。このことを頭の片隅に置いておいてください。

では、一九七〇年代後半から八〇年代前半にかけてこうした日本のミュージシャンが演奏したサウンドが、いまどのように海外で聴かれているか。この点を検討する上で、少しだけ脱線します。

細野晴臣さんがこの時代に手がけた曲に〈Talking〉（一九八四）があります。当時西友のプライベート・ブランドだった無印良品の店舗、一九八三年に青山に出店された路面第一号店用のBGMとして、プロデューサーの秋山道男さんの依頼でつくった曲だそうです。ちなみにこの曲は、ヴァンパイア・ウィークエンドが『２０２１』（二〇一九）でそのままサンプリングしています。

西友は堤清二が代表を務めたセゾングループに属しており、小説家、詩人でもある堤清二は、いわゆるセゾンカルチャーを牽引した人物として知られています。一説によると、堤さんはフランスの哲学者ジャン・ボードリヤールの『消費社会の神話と構造』（紀伊国屋書店、一九七九［一九七〇］）などに影響され、ブランド／記号性によって価値が高まってしまう当時のビジネスの状況に疑問を持ち、「無印」、つまり、ノーブランドを立ち上げた。ブランド（標章）はないかもしれないが、良質の製品をつくって提供しようというコンセプトで、その店内用BGMとして細野晴臣さんに白羽の矢が立ったと。

ただ、みなさんお気づきだと思いますけれども、今から振り返ってこの逸話が皮肉なのは、無印良品、つまりノーブランド（無印）こそが記号性を獲得し、グローバルに流通し始めるわけです。このノーブランドというブランド、その無名性と記号性は、さきほどのスタジオ・ミュージシャンの記名性と匿名性の問題とどこかでつながっていると思うんですね。どういうことでしょうか。

「無印」という記号性と、スタジオ・ミュージシャンの匿名性／記名性の問題をもう少し考えます。一九八一年から八二年にかけて、アメリカの音楽界ではリズムマシンを用いた楽曲がチャート上でヒットし始めます。八一年に大ヒットしたヒューマン・リーグの〈Don't You Want Me〉はリンドラムを使っていますし、ローランド社のTR-808、いわゆるヤオヤを導入した最も初期の楽曲として知られるマーヴィン・ゲイの〈Sexual Healing〉は八二年ですね。このように、機械的なビートを特徴とする曲がチャート上位に上がってくる一方で、同時代の日本の音楽シーンでは、テクニックに優れた腕利きのミュージシャンたちが楽曲制作の現場で活躍する。要するに、先ほど「正確さ／精密さ」やグルーヴの「完璧さ」といった評価がありましたが、おそらく、ここには日本人ミュージシャンに対する（驚嘆や憧憬の感情も含んだ）ロボットのイメージが重ねられている。というか、日本人に向けられるテクノオリエンタリズム、そのロボット的なステレオタイプを前提に「正確さ／精密さ」や「完璧さ」といった言葉が紡ぎ出されているのではないか。

この点に関連していつも思い出すことがあります。以前に雑誌『BRUTUS』が山下達郎さんの特集を組んだときに少しお手伝いしたことがあって、そのときご本人とお話をする機会があったんですね。それで、なぜそのような話になったのか覚えていないのですが、達郎さんが次のように言ったんです。「大和田くん、でも日本人のミュージシャンでワールドクラスなのはリズム隊だよ」と。つまり日本人ドラマーとベーシスト、彼らこそがワールドクラス、世界で通用するミュージシャンなんだと。これには本当に驚きました。僕も学生時代にアマチュア・ミュージシャンとしてそれなりプレイした経験がありますが、多くの日本人が黒人音楽のグルーヴに憧れ、そのノリが出ないことに劣等感を抱えている。ごくカジュアルに、「やっぱり黒人の血が流れてないとダメなのか」みたいな言葉が冗談半分にスタジオで飛び交うことは珍しくありません。でも、達郎さんはそうではないと。

当時の日本のセッション・ミュージシャンは、たとえばバーナード・パーディーやスティーヴ・ガッド、それにチャック・レイニーなどアメリカのスタジオ・ミュージシャンのプレイを参照していたはずですが、その結果として、日本人特有のジャストかつタイトなサウンドが形作られていく。それはたしかに本場の黒人音楽のグルーヴとは違うけれども、それこそが世界に通用するサウンドなのだと達郎さんは看破した。そしてそれが、日本人をロボットとみなすステレオタイプ、いわゆるテクノオリエンタリズムと接続されていく。海外のシティ・ポップ・リバイバルが日本の八〇年代を常に参照するとすれば、この機械と人間の同期というか、その互換性がイメージされながら受容されているのではないか、というのが僕の仮説なんですね。

繰り返しますが、シティ・ポップのサウンドを実際に演奏しているのは、当時、日本の音楽シーンで活動したセッション・ミュージシャンです。彼らの名前は一般のリスナーには知られていないものの（匿名性）、そのサウンドには強烈な記名性が刻印されている。そしてそれは、世界の音楽シーンでちょうどリズムマシンが使用され始めた時期とも重なっている。セッション・ミュージシャンと機械の匿名性と記名性。そして、そのコンセプトを象徴するかのような「無印」の無名性／記号性と、その店舗用BGMを担当し、セッション・ミュージシャン（人力）とエレクトロニック・ミュージック（機械）の両方の現場を自在に行き来した細野晴臣さん。堤清二の理論的支柱となったジャン・ボードリヤールの著書『シミュラークルとシミュレーション』（法政大学出版局、一九八四［一九八一］）を参照するまでもなく、この問題はオリジナルとコピーの差が喪失したシミュラークル、日本のポストモダンの問題とも結びつくでしょう。

よく考えてみれば、この問題系は冒頭のマック・デマルコによる細野晴臣再評価の話題につながるんです。そう、七〇年代後半に人間とロボットの互換性を主題にしたグループこそがYMOであり、結局、今日お話ししたすべての問題――ヨットロック、ヴェイパーウェイヴ、セッション・ミュージシャンとエレクトロニック・ミュージック――が、細野晴臣という希代の音楽家の軌跡をなぞっているだけとも言えるのです。

アメリカのシティ・ポップ・リバイバルでひとつ面白いと思ったのは、ライト・イン・ジ・アティック社がリリースしたコンピレーション・アルバム『Pacific Breeze』（二〇一九）です。そこには、吉田美奈子の〈MIDNIGHT DRIVER〉（一九八〇）や大貫妙子の〈くすりをたくさん〉（一九七七）など、百戦錬磨のセッション・ミュージシャンによって演奏される曲と、〈スポーツマン〉（一九八二）やF.O.Eの〈IN MY JUNGLE〉（一九八六）など、八〇年代に細野さんが手がけたエレクトロニック・ミュージックが同時に収録されていました。これらの曲を、一般的な日本のリスナーはおそらく同じ文脈では聴いてこなかったと思うんですよ。しかし、このコンピレーションの曲の並びにこそ、人間と機械、セッション・ミュージシャンとエレクトロニック・ミュージック、その匿名性と記名性の問題が凝縮されているのではないか。ここにアメリカを中心とする海外のシティ・ポップ・リバイバル、そのひとつの本質が兆候的に現れているのではないか――ということで、今日の講義を締めたいと思います。

第9講

同時代としてのシティ・ポップ

楠見清（くすみ・きよし）

1963年生まれ。東京都立大学システムデザイン学部インダストリアルアート学科准教授。専門は出版学、文化政策学、芸術評論。単著『ロックの美術館』（シンコーミュージック・エンタテイメント、2013）、『無言板アート入門』（ちくま文庫、2023）、『ポップ・オン！』（2024年春刊行予定）。展覧会キュレーション「TOKYO ARTE POP江口寿史×ルカ・ティエリ二人展」など。

江口寿史（えぐち・ひさし）

1956年熊本県生まれ。マンガ家・イラストレーター。1977年「週刊少年ジャンプ」でマンガ家デビュー。代表作に『すすめ！！パイレーツ』、『ストップ！！ひばりくん！』など。80年代からはイラストレーターとしても活動。広告、本の装画、レコードジャケットなど幅広く手がける。1992年『江口寿史の爆発ディナーショー』で、第三八回文藝春秋漫画賞受賞。

一九七九年という特異点

楠見　今日は音楽好きのマンガ家、イラストレーターの江口寿史さんから当時の状況をうかがいながら、前半ではレコードジャケット、イラストレーションから、ジャパニーズ70s・80sとアメリカン50s・60sが何かニアイコールで結ばれるんじゃないか、その時期のポップとシティ・ポップがそれぞれ何を果たしてきたのかを考え、後半では、雑誌と映像からシティ・ポップの表象には「夜の顔」と「昼の顔」があるんじゃないか、あるいは、「シティ・ボーイ」という流行語とともに喧伝されたシティ感覚のようなものがあるんじゃないか、そんなことを順を追って見ていきたいと思います。

本題に入る前に一九七九年の話から始めましょう。一九七九年は日本のサブカルチャーを考える上ですごく特異な年なんですね。マンガ解説者の南信長さんが『１９７９年の奇跡ガンダム、ＹＭＯ、村上春樹』（文藝春秋、二〇一九）という本を書いていて、この中で「１９７９年は日本のポップカルチャーのカンブリア爆発だ」と言っています。音楽ではＹＭＯの『SOLID STATE SURVIVOR』があり、そして江口さんの最初のヒット作もありました。

江口　『すすめ!!パイレーツ』の連載開始は一九七七年ですけど、単行本が出たのが七九年一月です。さらに言うとぼくがデビュー二年目にして初めて絵に目覚めるきっかけとなった大友克洋の最初の短編集『ショート・ピース』（奇想天外社）と雑誌『イラストレーション』（玄光社）が創刊されたのも一九七九年。

楠見　という年なんです。それで、この年にちょっとびっくりするような展覧会が開かれていることに気がついたんです。「アール・ポップ」展というタイトルで池袋パルコで開かれて、そのあと札幌に巡回しています。画家であり、評論家であり、エッセイストであり、そのほかマルチな活躍で知られる谷川晃一さんが企画したものです。元々『アール・ポップの時代』（皓星社、一九七九）という本を書かれて、それを実際に展示してみようという異色の展覧会でした。

　この展示に何が置かれてたかというと、一九七九年当時の絵画、イラスト、オブジェ、写真、雑貨、レコードジャケット、そして、広告のポスターとかサーフボードなど若者文化のマスプロダクトなんです。ちなみに僕は当時は高校一年生で全然知りませんでした。

江口　僕はまさに七九年に東京で一人暮らしを始めたんですよ。それで思い出すのはヤシの木ですよね。そういうものを部屋に置くようなことを真似し始めた頃で、非常に懐かしいです。まさにばっちり僕らの感覚でしたね。

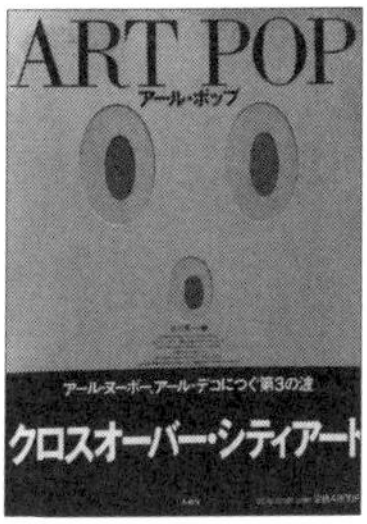

谷川晃一編『アール・ポップ』（冬樹社、1980）

楠見　この図録を見ながら、江口さんと打ち合わせをしてる時に「これこそシティ・ポップ表象だ」となったんですよね。つまり当時のポスターやテレビコマーシャルがすでにこういう感

「アール・ポップ展」1979年6月池袋パルコ7階特設会場にて開催、7月に札幌パルコに巡回。会場では浅井慎平の写真を起用したジャンセンのポスターの手前に椰子の木が置かれるなど当時の広告美術と消費社会の様相が大胆に並置された。会場写真引用元＝谷川晃一編『アール・ポップ』(冬樹社、1980)

じだったっていうことです。もちろん七九年当時、シティ・ポップという言葉はないんですけど、この本の表紙の帯では「クロスオーバー・シティアート」と大書しています。ちなみに「アール・ポップ」というのはポップ・アートのことではなく、大衆の生活の中に浸透したデザイン感覚として「アール・ヌーヴォー、アール・デコに続く第三の波」である、要するに、大衆文化は今大きく変わろうとしてるんだっていうことを谷川晃一さんは言ってたんですね。

今日はこの谷川晃一さんが一九七九年に提唱した「アール・ポップ」という概念、それから、現在から当時を振り返るときに「シティ・ポップ」と呼んでいるもの、そのイメージが非常によく似てるんじゃないかっていうことを前提としたいんですね。

レコードジャケットとデザイン感覚

楠見　それを踏まえた上で今回江口さんに選んでいただいた当時のレコードジャケットを見ていきましょう。あの頃は当然CDはありませんでした。全部一二インチのレコードで、AORのアルバムの日本盤を出したりするときに、ジャケットをすっかり変えるという事例が当時……

江口　そうですね。そういう現象が起きてきます。とくに七九年以降にこういうことが始まり、八〇年、八一年にはもうそれが当たり前のようになりましたね。それまで日本主体で洋楽のジャケットを変えるなんてことはなかったんですが。アール・ポップ以降は、こういう髭面のおっさんのジャケを日本盤だけこういうトロピカルなジャケに変えたりね。欧米のデザインより

TOKIOのリデザインの方がナウいという自信のようなものさえ芽生えていました。

楠見　AORというジャンルだと「あのアメリカの洋楽は日本では売れないだろう」という判断なんでしょう。日本のレコード会社がジャケットを風景写真や、あるいは、プールサイドにいる人物にどんどん変えてしまったんですね。

江口　使われてるのは決まってリゾート感覚の写真ですよね。当時はもう溢れかえってました。トロピカルな楽園志向。みんなそこに夢を持ってたという。僕らと同世代のマンガにも絵もヤシの木が背景に植えたり。例えば鳥山明さんの『Dr.スランプ』（一九八〇―八四）の「ペンギン村」も幻想の南の島みたいな感じがありましたよね。僕らは「あのヤシの木してるマンガ家」という言われ方をしたんですよね（笑）。僕とかとり・みきさんとかね。

楠見　そんな状況の中で、はっぴいえんど以後の日本に新しい音楽の波と同時に作り手の側から新しいジャケット・デザインの波が立ち現れました。その一番象徴的なデザイナー集団として真鍋立彦さん、中山泰さん、奥村靫正《ゆきまさ》さん、野上真宏さんによる「WORK SHOP MU!!」を挙げなければならないですね。

江口　これでガラッと変わりましたよね。ジャケ自体もそうですけど、感覚が。

左 ビル・ラバウンティ『Bill LaBounty』(1982、米国盤)／右 収録曲は同じでジャケットとタイトルが変更された『サンシャイン・メモリー』(1982、日本盤)

楠見　当時彼らは米軍ハウスにみんなでスタジオをシェアしてたそうですが、アメリカ文化への憧れの中にある種のノスタルジーみたいなものが当時からありました。七〇年代の日本なのにアメリカのフィフティーズを連想させるデザインなんですよね。最新のアメリカ文化ではなくて、ちょっと古いもの。お父さん・お母さん世代のアメリカ。ポップ・アートと同様にマスイメージを逆手に取ってスーパーに並んだ洗剤のパッケージのように大きなロゴを入れたりとか。これがレコード屋に並ぶんですよね。

江口　もうジャケットでまず惹かれてましたから。これは当時の日本人が見てた幻想みたいな感じがするんですけど、同時に黎明でもありますよね。それまでのジャケットはアーティストの顔写真だったり、どうもむさい感じで、この時代にようやくジャケットにも「デザイン」という感覚が出た気がします。日本が外国にコンプレックスを抱いていたのが払拭された時代なのかもしれないですね。広告業界もデザインに自信を持ったというか。よく考えたら平気でオリジナルのジャケを差し替えるってスゴいじゃないですか（笑）。

楠見　広告をつくるクリエイターの意識と、それを受け止める消費者の意識がシンクロしながらレベルが高まってったっていうのがありますね。『広告批評』みたいな雑誌が一九七九年に創刊されて、大学では広告研究会というサークルが生まれたりとか。

WORKSHOP MU!!によるアルバム・デザイン。左 大瀧詠一『NIAGARA MOON』(1975)／右 ナイアガラ・トライアングル『NIAGARA TRIANGLE Vol. 1』(1976)

江口　時代が多少前後しますが、広告界のスター糸井重里さんとか、川崎徹さんとかが現れたのもこの頃ですよね。コピーライターが花形職業になったりというのも全部重なってます。

楠見　そんなこんなで八〇年代になると永井博さんと鈴木英人さんが登場します。イラストレーターとして、シティ・ポップのイメージを作った非常に重要な存在です。

江口　英人さんは、カラートーンのPANTONEという画材を使ってるんですよね。この画材はスクリーントーンのカラー版のようなもので、コンペで「こんなふうにしたいんで」と型番を指定するとその色が共通のものとして理解される、サンプルのように使われていたものです。でも、それを本番で使ったというのが英人さんで、なにかこう絵の解像度がこれまでと違うんですね。永井さんの場合はLiquitexのアクリル絵具ですけど、こちらも解像度がくっきりしてる感じがします。だから、風景がパキーンと開けたみたいな感じが、あの二人のイラストにはあったんです。日本のヴィジュアルっていうのはこれまでもっとくすんでいたんで、そういうところに僕はすごく影響されたんですよね。

楠見　発色がいいし、パキっとしてますよね。

江口　色味で光と影をきっちり分ける描き方が画期的だったんですよね。実際に写真を撮ってその写真をトレースで線画に起こすということを英人さんはやってますが、そのやり方も革命的でした。絵を描くというよりも、絵を作る感じっていうんでしょうか。

楠見　さきほどのアール・ポップの関連で言うと「デザイン感覚」みたいなことが非常に濃厚に入ってくるんですね。

江口　お二人の画材は違いますが、風景の切り取り方から受ける印象は割と似てるんですよね。

楠見　あと、江口さんも影響を受けている、湯村輝彦さんは、現在リバイバルしているシティ・ポップのイメージとは違うと思いますけど、当時の日本の新しい音楽の視覚化において欠かせない存在でした。例えば大瀧さんがやっていたキングトーンズ『ラストダンスはヘイジュード』（一九八一）や、矢野顕子『ただいま』（一九八一）。あと『A LONG VACATION』（一九八一）の、周りにあるヤシの木の線画を実は湯村さんが描いています。

江口　そうなんです。共通するのは、デザインを絵に取り入れてるってところですよね。湯村さんの場合もただ描くというよりは絵を作る感じなんですよね。その点で三人の絵は似てはいないけど、共通してるんです。

楠見　おそらく大瀧さんの世界には永井さんのあの絵だけじゃダメで、湯村さんのヤシの木がてんてんとアロハの柄みたいに並んでるのが必要なんだったと思います。大瀧さんのリミックスしていく感覚が音とヴィジュアルに関して共通するようにも思えますね。

　続いては浅井慎平さん。写真家で、当時はクイズ番組の名解答者として毎週テレビに出ていたり、いろんなことやってた人なんですけど、行動的な写真家、文化人として若者が憧れる人でした。それからイギリスの写真家、スティーヴ・ハイエット

左 矢野顕子『ただいま』(1986)アートワーク＝湯村輝彦／右 大瀧詠一『A LONG VACATION』(1982)、デザインはWORKSHOP MU!!、風景イラストレーションは永井博、周囲の椰子の葉を湯村輝彦が描いている

は青い海、青い空、その間にあるのは水平線みたいな、そういう写真を次々と広告の中で発表しています。

江口　浅井慎平さんは鈴木英人さんよりも前なんですよ。ただ英人さんが絵に書くようなものを切り取って写真にしたのは浅井さんが初めてだったと思います。目にみえる風景を自分の視点でトリミングする、という手法は浅井さん以前の写真家にもいたと思いますが、浅井さんの切り取り方は非常に物語的なんですね。今の言い方で言うとすれば「エモい」。

楠見　その意味では、シティ・ポップのサウンド、音楽が生まれる前から、ある意味シティ・ポップ的なものを写真のイメージにおいても、ちゃんと切り取ってたっていうことですよね。その後に続くシティ・ポップの音楽っていうのは、逆に浅井慎平のリゾート・イメージを参照しながら演じていった風でもあると思います。

江口　スティーヴ・ハイエットに関しては佐藤博『Awakening』（一九八二）が有名ですね。八〇年代になってからは広告が文化として一番上に来ちゃった時代があったんですよね。パルコとか、ソニーとかのCMが全部もうかっこよくなってきたんですよ。その感じなんですよね。

左 細野晴臣、鈴木茂、山下達郎『Pacific』（1978）写真＝浅井慎平／右 佐藤博『Awakening』（1982）写真＝スティーヴ・ハイエット

マンガとシティ・ポップ

楠見　同時期、マンガ界でこの感覚を持っていたのがわたせせいぞうさん、そしてとり・みきさんではないかと。

江口　わたせさんととりさんの登場を同じ括りで語るのはちょっと大雑把過ぎると思いますけど（笑）。シティ・ポップ的という意味では『ハートカクテル』（一九八三―九〇）は早かったですよね。この人も片岡義男さんも、シティ・ポップ的な感覚がある人なんですけど、それをなんかマンガでやったような感じがあります。

楠見　男と女が出会い新しい物語が始まる……みたいなそういう展開ですよね。

江口　割とハートボイルドな感じなんですね。絵はスイートなんだけど、語り口はハードボイルド。

楠見　とりさんは山下達郎さんの似顔を公式キャラクターとして描いてますけど、さっきおっしゃってたように「ヤシの木してる」と言われた一派ですよね（笑）。ナンセンスというより海外のマンガにも似たハイセンスな笑いを、日本のギャグマンガにないくっきりとした線で描いた。

江口　とりさんは僕と世代が近い方ですが、元々はＳＦ方面から来た人で、理系ギャグとよばれた非常に理路整然としたギャグマンガを描く人です。ぼくと同じで、スタートは絵にそれほど興味なかったんじゃないかな。描いているうちにシティ・ポップ感覚に接近していったという点ではぼくと共通していると思います。インタビューやエッセイでも、ぼくが『ひばりくん』

を描き出したのに刺激を受けて絵をポップにしていったと語っていますね。

楠見　江口さん自身はシティ・ポップの全盛期にはマンガの仕事をしていましたが、後年イラストレーターとしてアルバム・ジャケットを手掛けることになりました。最近のシティ・ポップのジャケットを見てみましょう。

江口　ピクチャー・リゾート『Dye it blue』（二〇二〇）は、今の若い人たちがやってるリゾート・ミュージックですね。だから、外国の人が求めてるシティ・ポップとはちょっと違うかもしれないですが、正統的に日本でシティ・ポップの流れを継承して今新たにやってる人たちだと思います。

楠見　サニーデイ・サービスのアルバム『いいね！』（二〇二〇）のジャケを描いたルカ・ティエリさんはどう思われますか。

江口　この装画は「江口さんですか」って何度も訊ねられるんですけど、僕じゃないんですね。ルカくんには、むしろ、ＮＨＫがやっていた「ＹＯＵ」（一九八二－八七）という番組のオープニングイラストの頃の大友克洋さんの線を感じます。

楠見　シティ・ポップ世代ではないですが、二一世紀においてその表象がどう変わってきてる

左『A LONG VACATION 40th Anniversary Edition』コラボポスター第３弾(2021)、イラストレーション＝江口寿史／右 Pictured Resort『Dye it blue』(2020)イラストレーション＝江口寿史

左 サニーデイ・サービス『いいね！』(2020)イラストレーション＝ルカ・ティエリ／中央 TEASI『壁新聞』(2006)アートワーク＝小田島等／右 シャムキャッツ『アフター・アワーズ』(2014)イラストレーション＝サヌキナオヤ

かというところで小田島等さんとサヌキナオヤさんを挙げたいです。小田島等さんはイラストレーターというよりはデザイナーとしてもミュージシャンからの信頼が厚くジャケの仕事も多いのですが、一方で「アノニマス・ポップ」という考え方を自ら提唱して、スーパーのチラシみたいなアートではない大衆文化表象を大胆にジャケットに使ってきたんですが、これって、今にしてみるとヴェイパーウェイヴに近い感覚だったと思うんですよ。

江口　早いですよね。

楠見　かつて大衆が夢見た未来は今見るとダサいんだけれども愛おしい。たぶんアンディ・ウォーホルのブリロやコカ・コーラにもそういう要素は最初からあったと思うんです。当時の日本人には憧れのアメリカ製品にしか見えなかったものが、バブル時代が遠い過去になった日本でようやく体感的にわかるようになった気がします。

　サヌキナオヤさんは、アメリカのグラフィックノベルの影響をさらに無国籍な形に、シティというよりはサバービア、郊外の風景を描き出しています。江口さんは以前サヌキさんとは対談されてましたよね？

江口　そうですね。アメリカのグラフィックノベルのアーティストのエイドリアン・トミネが僕はすごい昔から好きだったんですけど、同じようなことをやってるなと思って、それで注目したんです。

雑誌が生活を作る時代

楠見　ここからは雑誌と映像からシティ・ポップ表象を考えていきたいと思います。雑誌はまず『宝島』です。二〇一五年に休刊に至った『宝島』からはもはや想像できないですけども、一九七三年創刊当初は晶文社から『ワンダーランド』というタイトルで植草甚一さんの編集で六号まで刊行されました。アメリカの雑誌『ローリングストーン』をイメージしたグラフ誌大の判型で、『ゴー・ゴー・ナイアガラ』の一ページ広告が入っているような雑誌だったんです。その後誌名が『宝島』に、判型がA５判になってからは読み物重視になって、例えば『ウォールデン　森の生活』の翻訳連載をするかたわらで「町の生活」という特集を打ち出

左 植草甚一編集『ワンダーランド』創刊号（晶文社、1973）、第三号で誌名を『宝島』に変更。／右『宝島』1976年11月号特集「もういちど町の生活を見直してみよう」の表紙には「ますます快調!! 連載ソロー『森の生活』」というコピーも。シティボーイと自然回帰が同時に扱われる

左『ポパイ』(平凡出版、マガジンハウス)1976年創刊。「Magazine for City Boys」を旗印にアメリカの若者のライフスタイルを現地取材で紹介した。／中央『Made in USA Catalog』(読売新聞社、1975)。企画・構成＝寺崎央。後のカタログ雑誌に大きな影響を与えた。／右『ホール・アース・カタログ(全地球カタログ)』は1968年、スチュアート・ブランドによって創刊。ＤＩＹやエコロジーの思想に基づいた情報編集は後のインターネット時代に影響を与えた

し、そこで「シティ・ボーイ」という言葉を合言葉のように使っていました。ここでの「シティ」は都市そのものというより若者のいる場所のことだったんじゃないかと思うんですね。

一九七六年には『POPEYE』が創刊されます。表紙のキャッチコピーには「Magazine for City Boys」と謳って。今でもひょっとして、そう書いてありますか?

江口　書いてありますよ。シティ・ボーイという言葉は今また確信犯的に使ってますよね。

楠見　『POPEYE』は『宝島』のコンセプトをそのまま借りながら、サーフィンやスケートボードといったアメリカ西海岸の若者文化をカラーの誌面でカタログ雑誌風に紹介していくんですが、そのメソッドにも先達がいて、一九七五年に読売新聞社から出ていた『Made in U.S.A Catalog』で江口さんが現物をお持ちだったのを見せてもらいました。アメリカ製品を紹介するカタログ雑誌であると同時にアメリカの若者の衣食住を紹介するライフスタイル雑誌で、その編集方針はまるまる『POPEYE』に。で、日

本の若者の意識を変えた。

江口　なんか、個々の生活のディテールを大事にしようっていう感じになってきたんじゃないですかね。ものに対する愛を教えてくれたというか。例えばリーバイス501というジーンズひとつとっても、これ以前は洗濯の仕方もどうでもよかったんですよ。それが『POPEYE』以降は自分でジーンズを育てるという感覚を教えてくれた。金持ちのこだわりじゃなくて日用品の面白がりかたですよね。

楠見　『Made in U.S.A Catalog』はタイトルからしてアメリカで一九六八年に創刊されたDIYカルチャーのバイブル『The Whole Earth Catalog』の影響を感じますね。エコロジー思想の啓蒙とともに野良仕事や日曜大工のための道具をカタログのように掲載していました。『The Whole Earth Catalog』には「Access to Tools（道具にアクセス）」というキャッチコピーがついていましたが、まず道具から入る、道具主義なんです。そして、『POPEYE』もまずは買い物して、次に行動すれば、君もシティ・ボーイになれる。そういう手順を教えてくれてたと思うんですね。

シティ・ポップについて語る上では鈴木英人のイラストレーションで表紙を飾った『FMステーション』が欠かせません。ラジカセの普及とともに若者たちが音楽を楽しむ方法としてラジオを録音・編集する「エアチェック」が流行したんですよね。

江口　自分の生活に合わせて曲を入れて編集して、っていうのをみんなやり始めたんじゃない

『FMステーション』（ダイヤモンド社）は1981年創刊。1988年まで鈴木英人のイラストレーションが表紙を飾った

ですか。

楠見　それこそ海に行くときカーステで流すリゾートサウンドのテープ、とか。

江口　そう。夜に聞く音楽とか、そういうことを自分でやり始めるのは、この雑誌たちが教えてくれたんですよね。それでこの手の雑誌には付録として必ずカセットに貼るレーベルがついてたんですよ。だからそれを自分で好きに編集したカセットに曲名を書いて貼るんですよね。

楠見　今でいうところのサブスクのプレイリストみたいなものを編集をして、お気に入りの音楽のテープにレーベルをつけて、お友達にあげたり交換したりしてたわけです。そういう文化でした。雑誌が旗を振ることによって読者たちの間で新しい趣味や行為が広まる。そういう影響力がこの時代の雑誌あったと思います。

シティ・ポップの「昼と夜」

楠見　シティ・ポップ表象は、今から振り返ると明らかに夜と昼と分けられますよね。

江口　そうですね。あの頃は全部が個人の生活になっていったと思うんです。例えば鈴木茂さんは『BAND WAGON』（一九七五）の頃までは自分のギターの技をゴリゴリ聞かせるタイプの音楽だったのに、このあと急にヤシの木を生やしたりボサノバやジャズを取り入れたり、サウンドもおしゃれでメロウになった『LAGOON』（一九七六）を出してびっくりしたんですよ。

それで面白いのが、他の人がこうなっていったのが同じ時期なんですよ。加藤和彦さんも、サディスティック・ミカ・バンドでゴリゴリのイギリスのロックみたいなのをやったのが、急にこう、自分の生活を楽しもうみたいな感じの『それから先のことは…』(一九七六)になってきちゃったり。で、そこにはやっぱり昼も夜もあるわけです。それが表象として一緒に来ちゃったんですよね。シティ・ポップというものを考えるうえで、意外とこの「ライフ」という視点が抜けているように思えるんです。

楠見　デイライフとナイトライフが一緒に表象されてるということですよね。お酒やネオンがナイトライフで、波やヤシの木がデイライフ。なんていうか、お金を使うことでそこに浸ることができるというような感じですかね。若者がそういう消費に邁進していく。そしてシティ・ポップがその時のBGMになっていった。

江口　そうです。つまり都市生活のBGMだったんですよね。

楠見　その象徴がリゾートだったというのが面白いですよね。南佳孝の『SEVENTH AVENUE SOUTH』(一九九二)というアルバムにはエドワード・ホッパーの絵画「ナイトホークス」(一九四二)が使われています。エドワード・ホッパーはアメリカの二〇世紀前半の風景画家ですけども、通常の風景画家たちが描くような風光明媚な景色じゃなくて、都会のコンクリートでできた建物、郊外のぽつんとある家、ガソリンスタンドといった、夜の風景の人工光を油絵の具で描いていたっていう、ちょっと早すぎた画家なんですけども。

江口　これは今見ると、シティ・ポップの夜の顔の元祖に見えますね。

楠見　ガソリンスタンドはその後ポップ・アーティストのエド・ルッシェにも影響与えていま

すね。昼の方はどうでしょう。

江口　昼の顔はプールの絵を描いてたデイヴィッド・ホックニーですよ。

楠見　確かに。日本のシティ・ポップ表象のふたつの顔の源泉はそれ以前のポップ・アートにあった。そういう位置づけができる。それが若者が何か新しいレジャー行為をする時のBGM、メイン・テーマになっていく。

　メイン・テーマというと、一九八四年に公開された片岡義男の原作をもとにした森田芳光監督の『メイン・テーマ』という映画があります。全編沖縄ロケで、ラストシーンに当時できたばかりの万座ビーチホテルというリゾートホテルの大きな吹き抜けがばぁーっと映って、そこに主演の薬師丸ひろ子が歌う主題歌〈メイン・テーマ〉がかぶせられる。作曲が南佳孝、作詞が松本隆で、あらためて見直してみたら、この部分がまるまるミュージックビデオみたいになっていて、意外に面白いんで驚きました。この映画はとにかく、日本の若者たちに沖縄に行けばロマンチックなリゾート気分が味わえるという刷り込みに成功しているんです。

江口　当時の若者が思っていた一番の理想の生活だったたってことなんでしょうね。

楠見　そうなんです。ちなみに、僕はちょうどこの時大学生でまさに「いいなぁ」と思って見てました。見たり聴いたりしてるだけで沖縄には行けませんでしたが、映画や音楽を消費することでシティ・ポップの気分を味わっていたわけです。

南佳孝『SEVENTH AVENUE SOUTH』(1991)、ジャケットにエドワード・ホッパーの絵画「ナイトホークス」(1942)を起用

そして、夜の顔。ＪＲ東海が「シンデレラ・エクスプレス」というシリーズで、遠距離恋愛をしてる恋人たちが最終の新幹線で会いに行くというドラマ的なＣＭを作っていました。その派生系として生まれたのが牧瀬里穂の出ている「クリスマス・エクスプレス」（一九八九）で、ＢＧＭに山下達郎の〈クリスマス・イヴ〉が使われています。この曲は以前からあったんですけど、クリスマスが近づいてくる秋が深まったころに、これがＣＭで流れたことによって、視聴者の心の中にロマンチックな火が灯され、クリスマスソングの定番になったんですね。短いものなのでちょっと映像を見てみましょう（動画を上映）。

江口　いやあ、きゅんときますね。もう、誰でも自分も主人公になれる感じが、今のTikTokとかああいうのにもつながっていますよね。それぞれにとってのＢＧＭなり主題歌として、このあともずっとヒットしてますからね。

楠見　シティ・ポップ・リバイバルの映像としては、二〇二二年に公開された『ナイアガラ・トライアングル Vol. 2』の発売四〇周年を記念した〈A面で恋をして〉のＭＶにも触れたいです。インドネシアの映像クリエイターのアルディラ・プトラが江口さんのキャラクターを使ってつくったものです（動画を上映）。

江口　ちょうど時間も発売日の日付を模した三分二一秒なんですよね。背景には永井博も鈴木英人もすべて入っていますね。

楠見　シーンとしてちゃんと昼の顔と夜の顔も入ってますね。このＭＶの前にもこの作家は日本風の映像をたくさん作っていたようですね。

『ナイアガラ・トライアングル Vol.2』発売四〇周年〈A面で恋をして〉MV 動画＝アルディラ・プトラ

江口　映像というとエンゲルウッドの〈Crystal Dolphin〉（二〇一七）のMVも面白いです。これはシンガポールやインドネシアの人が思うシティ・ポップですよね、多分。アニメとかマンガとかゲームとか、日本の八〇年代の文化が背景にあるように思えるんです。

行為としてのシティ・ポップ

江口　シティ・ポップは受け取る人によって感じ方が全然違うんですよね。僕はというと二〇一四年ぐらいに、スペインのエレファント・レコードという、日本の渋谷系に影響を受けた音楽ばかり出しているレーベルがすごい面白かったことからまたシティ・ポップに注目し始めたんですね。例えばフィットネス・フォーエヴァーというバンドはフリッパーズ・ギターが大好きという人たちで、音はバート・バカラックからの引用だったりしているけど、言葉はスペイン語で、そこがちょっとエキゾチックな感じが面白くて。

それで、大貫妙子のレコードを買いに日本に来ているアメリカの人は、そんな感じで日本のシティ・ポップを聴いてるんじゃないかなと思うんです。インドネシアやシンガポールの人たちの感じとはまた違って。

楠見　確かに、海外でシティ・ポップが人気といっても一言では片づけられないさまざまな側面がある。そんな中でも僕が関心があるのはおもに東南アジアからの熱い視線で、かつて日本の若者たちが憧れたアメリカの五〇年代、六〇年代の若者文化の位置に、今日本の七〇年代、八〇年代のシティ・ポップ的な文化があるということです。それらに共通するのは永遠の青春時代のイメージで、自分が体験した過去を懐かしく思うのではなく、自分が体験していないにもかかわらず、ある場所のある時代のものに、リアリティーやノスタルジーを感じるという。そういうものが、今のシティ・ポップを動かしている。今回のリバイバルで今後も、時代が変わっても色褪せないエバーグリーン・コンテンツになるだろうという気がします。

江口　イラストの面で言うと、八〇年代ぐらいの大友さんの絵や僕の絵をまた若い人がやってるんですよね。それも今のシティ・ポップの地続きな感じとに似てるかもしれませんよね。

楠見　八〇年代のものが単なるトレンド的な再発見というよりも新たな評価によって位置づけられていく感覚はありますね。単なる模倣にとどまらず、一つの様式として再生されたり編集されたりしていく。日本の八〇年代のものは、今まさにそういう無限の生命を与えられてしまったと。

それから、ポップ・アートは元々二〇世紀の大量生産と大量消費、つまり大衆メディア、マスの時代、マスの社会に対する批評的なセンスを持っていたと思うんです。良くも悪くもそういった時代に生きているわれわれがいる。そう考えると当時からシティ・ポップは近代的な都市生活を客体化し、編集する装置でもあったんじゃないかというふうに僕は思うんです。キーワードとしても先ほどの雑誌『宝島』で紹介した「町の生活」「シティ・ライフ」から、『POPEYE』が表紙に掲げた「シティ・ボーイ」という言葉への変遷。マスメディアが道具や方法を伝授することによって、受け手である読者がその行為者になっていく。そのためのイメージ作りという功績が大きいと思うんです。

みんなが生活の行為者になっていく、まるで人生のドライビング・ミュージックみたいに、生活であり人生でもある「ライフ」のハンドルを自分が握って運転していく時のBGMとして、自分を主人公にしてくれるテーマソングという役割がシティ・ポップにはあったのではないかなと。ドライブを楽しむように生活や人生を謳歌できるサウンド要素が、シティ・ポップにあって、そこにイメージやストーリーが必要とされたんだと思います。

日高良祐（ひだか・りょうすけ）
1985年宮崎県生まれ。京都女子大学現代社会学部講師。専門はメディア研究、ポピュラー音楽研究。編著に『クリティカル・ワード ポピュラー音楽――〈聴く〉を広げる・更新する』（フィルムアート社、2023）、分担執筆に『ポストメディア・セオリーズ――メディア研究の新展開』（ミネルヴァ書房、2021）、『技術と文化のメディア論』（ナカニシヤ出版、2021）など。

シティ・ポップ文化論

2024年2月20日　初版発行
2024年6月5日　第2刷

編著者　日高良祐
装画　江口寿史
装丁　川名潤
編集　沼倉康介（フィルムアート社）
編集協力　伊藤良平・牧村憲一
発行者　上原哲郎
発行所　株式会社フィルムアート社
〒150-0022
東京都渋谷区恵比寿南1-20-6 第21荒井ビル
TEL 03-5725-2001　FAX 03-5725-2626
http://www.filmart.co.jp/

印刷・製本　シナノ印刷株式会社

Printed in Japan
ISBN978-4-8459-2141-6　C0073